D1151580

Éric Fottorino

Petit éloge
de la bicyclette

Gallimard

Né en 1960, Éric Fottorino passe son enfance à Bordeaux puis à La Rochelle où il pratique avec passion la course cycliste. Plus tard, il passera une licence de droit avant d'entrer à Sciences Po. C'est en 1981 qu'il publie son premier article dans le journal *Le Monde*, où il sera chargé des matières premières et du continent africain à partir de 1986. Il y sera successivement grand reporter, rédacteur en chef, chroniqueur, puis directeur, jusqu'en février 2011.

En 1991 paraît son premier roman, *Rochelle*, l'histoire de Paul Dupaty, un enfant naturel qui cherche les traces de son père absent dans une cité océane qui désarme ses navires. Mais comment trouver l'auteur de ses jours quand il n'est plus qu'une ombre sur les photos de famille ? En 2001, il participe à la course du *Midi libre* à la fois comme coureur cycliste et comme journaliste. Il relate cette expérience dans *Je pars demain*. *Caresse de rouge*, paru en 2004, raconte comment un père, Félix, tente de jouer le rôle d'une mère auprès de son petit garçon, Colin. Ce roman a reçu le prix François Mauriac. Quant à *Korsakov*, véritable plongée dans le trouble identitaire, il a été récompensé par le prix Roman France Télévision 2004 et le prix des Libraires 2005. Éric Fottorino a également publié *Baisers de cinéma* en 2007 (prix Femina) et *L'homme qui m'aimait tout bas*, qui a reçu le Grand Prix des lectrices de *Elle*, en 2009. Il est aussi l'auteur de *Questions à mon père* (2010), *Le dos crawlé* (2011) et *Mon tour du « Monde »* (2012). Eric Fottorino poursuit une œuvre où la quête des racines et de l'identité est au cœur de personnages fragiles cherchant à se construire un destin. L'enfance est pour lui une source d'inspiration sans cesse renouvelée.

*Pour René Drapeau, Jacques Roy et Éric Girard,
mes compagnons d'échappées.*

1. Prologue

Depuis toute la vie et pour toute la vie, je pédale. Sur les routes et déroutes qui vont de l'enfance à l'âge qu'on croit adulte, avec un petit
vélo dans la tête qui n'en finit pas de me faire
tourner en rond sur la terre toute ronde, comme
si la vocation première de la bicyclette était
d'arrondir les angles du monde. Tel Perec jadis
dressait l'inventaire des lieux où il avait dormi,
je pourrais fournir la liste des routes et chemins
sur lesquels j'ai roulé. Routes ventées de Ven-
dée, routes pentues de la Chalosse et plus encore
des Pyrénées, routes un peu vagues de l'Atlantique, parfois dans le froid, parfois sous les ha-
chures de la pluie, souvent aussi dans le soleil
dont l'aiguille des rayons venait et vient encore
se prendre dans le cerceau de mes roues, bien
plus brillantes que le coureur que je ne suis plus,
sauf en rêve.

Mon parcours cycliste est une ligne de vie
sur une machine à remonter le temps. Plus je

pédale et plus je me souviens. C'est une des magies de la bicyclette que de me ramener en arrière pendant que j'avance, pas toujours très vite, mais avec entrain. Éloge premier, fondateur, éternel : le vélo est un jeu d'enfant qui dure longtemps. Je me revois sur des bécanes trop grandes pour moi, selle trop haute, guidon trop loin m'obligeant à prendre la ridicule position du crapaud sur une boîte d'allumettes. Je me revois essoufflé, mordant l'air de la liberté, le laissant pénétrer jusqu'au fond de mes poumons. Sur le vélo grésille une bien nommée roue libre dont l'apaisante musique ne me quitte pas, même quand je redeviens piéton, sédentaire, immobile et prisonnier du temps des autres.

Chaque fois que je remonte à bicyclette se reforme devant mes yeux le peloton de l'amitié. Ma mémoire fait l'appel. Où sont-ils maintenant, les compagnons de virée aux harnachements de champions équipés à l'italienne, roues Campagnolo (avec le minuscule trou percé dans le moyeu pour y déposer la goutte d'huile salvatrice pour les roulements à billes), guidon Cinelli à grosse potence chromée. Ils s'appelaient René, Jacques, Alain, Daniel, et les autres. Les copains d'abord.

Heureux dimanches matin, traversée des villages endormis, odeurs des croissants et du pain frais humées devant les boulangeries, sprints échevelés à l'approche des pancartes annonçant

que nous entrions à Nieul-sur-Mer, à Marsilly,
à Esnandes, à Charron, la couronne de La Rochelle offerte à nos petites reines. Traversée de
cours de ferme, pompe à vélo brandie comme
une dague si un cabot zélé montrait les crocs,
remplissage des bidons aux fontaines, les jours
de grosse chaleur, pauses brioches et pommes
tavelées sur la route de Sainte-Hermine, le village de Clemenceau-la-Victoire, petit coup de
pineau blanc ou rouge chez des vieux gars des
Charentes qui nous servaient un canon pour
voir de plus près nos bécanes de compète, pour
les soupeser en maquignons comme on choisit
un veau de l'année au foirail. Odeur mêlée de
l'iode et des foins coupés, cris des goélands et
des mouettes nous snobant, aériens, volant dans
le vent qui nous giflait.

Impossible de laisser la mémoire dérailler, je
me souviens de tout cela, comme des sensations
du cambouis sur les doigts quand la chaîne sau-
tait pour de bon. Joie de réussir à la remettre en
place sans descendre de vélo, par le jeu des ma-
nettes du dérailleur et d'un tour de main bien
placé. Gestes furtifs en roulant comme : décol-
ler avec la paume les gravillons collés sur le
boyau pour éviter la crevaison, desserrer la mâchoire des freins en cas de roue voilée, étirer ses
jambes, en délivrant chaque soulier cambré
façon godasse de torero des cale-pieds de métal
avec sangle de cuir. Ou encore grimper en dan-

seuse, les paumes fermées sur les cocottes de freins, en écoutant le sifflement de nos gommes gonflées à bloc sur le bitume.

Certains de mes fidèles compagnons d'antan ne pédalent plus que dans mon souvenir. D'autres se sont ajoutés. Il en est qui se sont échappés pour toujours de ce peloton comme les perles d'un collier brisé, et il suffit qu'une auto me frôle pour revoir la silhouette racée de Louis Nucera, pour entendre son accent à mon oreille, pour répondre à son sourire de vieux môme, pour penser aussi à René Vietto dont il avait fait son idole aux jambes de bronze.

Rouler à bicyclette est sûrement la meilleure façon de devenir un autre. J'avais huit ou neuf ans lorsque, traversant Bordeaux à toute allure, je fus rebaptisé par quelques flatteurs qui me criaient : « Vas-y Anquetil ! ou « Vas-y Bobet ! », les plus chenus optant pour des « Vas-y Robic ! », les plus énigmatiques m'envoyant du Poulidor que je comprenais « poulie d'or », eu égard aux coups de manivelles que je donnais vaillamment. C'est ainsi que le vélo mène aux héros comme le fleuve à la mer. Et ceux-là n'ont pas fini de peupler mon univers. Combien de fois j'ai frémi en entendant leurs noms, Fausto Coppi, Gino Bartali, Federico Bahamontes, l'Aigle de Tolède, ou Charly Gaul, le petit bonhomme de pluie qui n'aimait rien tant que grignoter les montagnes sous les trombes d'eau, tous derrière et lui devant.

Enfant, j'eus tôt fait de changer cette passion mythologique en courses de coureurs métalliques sur le petit damier du carrelage qui s'étalait de l'entrée à la salle à manger, carreaux noirs et blancs, jeu de dames réservé alors aux messieurs. Par la grâce d'un joyeux anachronisme et d'une lecture assidue de *Miroir de cyclisme* (avec ses pages « Que sont-ils devenus ? » ou « La roue tourne »), mes champions à torse et mollets d'acier se mesuraient par-delà les générations, assujettis à de haletants roulements de dés. Bernard Thévenet, que par coups de pinceau appliqués j'avais ceint de couleurs tricolores, affrontait Rik Van Looy en maillot arc-en-ciel de champion du monde, et cela lui aurait sûrement plu d'apprendre que, par le prodige d'un double six, il avait battu le Lion des Flandres au sprint, lui le Bourguignon qui ne brilla jamais pour sa pointe de vitesse...

2. Éloge
d'une graphomanie cycliste

Il faut l'avouer : mes premiers écrits très appliqués, s'ils ne furent pas littéraires, ont été passionnément cyclistes. La preuve est faite depuis longtemps à mes yeux que le vélo est un mode d'écriture de l'existence. Je l'ignorais alors : avoir du souffle, être une plume, légère de préférence, c'est le lot de ces frères humains que sont coureurs et écrivains. Devenu cadet à l'âge de quinze ans, j'ai rempli année après année, sur des échéanciers de comptabilité achetés je ne sais où, des pages et des pages qui relataient mes moindres faits (et fêtes) et gestes cyclistes. J'y retrouve aujourd'hui la trace de mes parcours d'entraînement dans la campagne charentaise, mon souci obsessionnel de grimper la côte du Calvaire de Nieul-sur-Mer — soit par son côté long et paresseux, soit par sa voie raide et brutale qui offrait en récompense, au sommet, la vision de l'Océan —, de compter les battements de mon cœur, le soir après les longues sorties dans le vent (comme pour vérifier que la vie bat plus vite à bicyclette), de noter le nom de mes adversaires du dimanche, sur les routes de la Charente-Maritime, des Deux-Sèvres, jusqu'à l'Aquitaine et au Béarn. Parcourant au hasard, trente ans après, un de ces échéanciers, je mesure ma graphomanie d'alors. Tout, mais tout, jusqu'au plus anodin des points de côté, est consigné dans un style résolument minimaliste.

Exemples ? « Mardi 11 janvier 1976. 25 km en p.f. (c'est-à-dire avec un pignon fixe qui obligeait à pédaler sans jamais se mettre en roue libre, un exercice destiné à gagner en souplesse...). Train régulier (endurance). Seul. Forme moyenne. Froid et brouillard. P.S. : ne jamais manger avant l'entraînement (douleurs d'estomac). 4 côtes + faux plats. Montée des côtes assis, sans s'aider des bras (cela signifiait : grimper par la seule force musculaire des cuisses). » Plus loin, le dimanche 16 janvier : « 40 km en groupe. Quelques accélérations. 1 sprint. Verglas. »

Ce même mois, j'ai noté avoir reçu un vélo « tout Campagnolo Motobécane, tubes Reynolds 531 (donc très léger), taille 57, plateaux avant 51-44, dentures arrière 14, 15, 16, 17, 18, 20, type professionnel Tour de France, prix 3 200 francs (avec 25 % de réduction avec le contrat Motobécane) ». Quand la saison débutera, à partir de mars, je consignerai tous les lots et primes remportés lors des courses de village, rôti de dinde à retirer chez un boucher d'Aytré (Charente-Maritime), coffret à bijoux, coupes, chaussures cyclistes à retirer dans un magasin de sport de La Rochelle...

Le 19 mars, un test donne les résultats suivants :
Poids : 58,1 kg.
Pouls au repos : 58.
Après effort : 118.
1 minute après : 60.
Tension : 13-8.
Souffle : 5,8 l.

Assidu aux cours de formation cycliste, j'ai même dessiné une jambe de coureur (les coursiers disent une grosse patte, d'où l'expression « t'as la grosse patte ? », les jours de défaillance). Mieux que sur mes cahiers de sciences-nat, assez mal tenus en général, je fais figurer les quadriceps et le grand couturier, la capsule synoviale, le nerf sciatique et les tendons rotuliens, sans oublier le jambier antérieur et les muscles postérieurs de la cuisse. Fort de mes nouveaux savoirs, j'écris que « la rotule doit être protégée par des pommades grasses légèrement chauffantes » et que les muscles jumeaux « se massent depuis le tendon en remontant vers le cœur ». Je retiens encore ce conseil lapidaire donné par un conseiller technique : « zone d'attaque : dans une difficulté ». Il est aussi inscrit quelque part le vade-mecum du parfait coureur qui doit prendre soin de son matériel, savoir réparer un boyau (avec lame de rasoir pour inciser la couture, épingle et fil pour recoudre une fois la chambre colmatée avec une rustine), préparer le fond de jante en le dégraissant au White Spirit puis le rayer avec un poinçon avant d'encoller, afin de mieux fixer le boyau… Deux couches de colle sont nécessaires, déposées à une journée d'intervalle. Après on installe le boyau et on le gonfle légèrement, un boyau bien sec, laissé deux ou trois ans à l'abri et dans une semi-obscurité, tel un grand cru. On peut aussi coller à la gomme-laque, badigeonnée avec un pinceau à poils durs sur la jante et le galon du boyau. Ces boyaux « fins comme des serpents », écrivit jadis Dino Buzzati suivant le Giro 1949 derrière Coppi et Bartali, leurs noms me reviennent : boyaux Clément ou Hutchinson, ou BSA extra-piste (une référence utilisée par Michel Audiard dans ses dialogues pour Gabin, signifiant ainsi le summum de la qualité…), boyaux de coton pour les routes dures, de soie pour les routes souples. À gonfler à bloc, 8 kilos à l'arrière, 7,5 kilos à l'avant, avec une pompe à pied dotée d'un manomètre, c'est plus précis et plus efficace, moins fatigant aussi. Pas besoin d'attraper un coup de pompe au moment de pomper, on n'est pas des Shadoks tout de même ! La chaîne, elle, se nettoie deux fois par an au pétrole, puis, une fois sèche, doit être trempée dans du suif liquide. Les rayons sont ligaturés par quatre, alliage de souplesse et de solidité. Il est recommandé de fixer un arrache-clou d'alu à chaque frein, pour faire sauter les gravillons qui auraient la mauvaise idée de se planter dans la gomme. Passant sous la toise d'aluminium, ils sautent !

Mes cahiers, c'est la Samaritaine des bons tuyaux, on y trouve de tout dans un grand bric-à-brac renouvelé au rythme des saisons. S'il pleut et que j'ai les muscles durs ? La solution c'est la crème Musclor 2 ou l'huile d'amande douce épandue sur les jambes rasées de frais. Puis, juste avant le signal du départ, un bon coup de gant de crin sur les pattes avec de l'eau de Foucault. Mal au foie ? Un emplâtre Saint-Bernard ou américain. Après la pluie : compresses très chaudes sur les cuisses, bain avec sels marins ou un à deux verres de vinaigre... Après chaque course, ne pas oublier une friction immédiate à l'eau de Cologne, un massage euphorisant qui élimine l'acide lactique.

Que de temps passé sur ces cahiers de comptes, à additionner les kilomètres par dizaines, par centaines, et pour finir par milliers, trésors et richesses palpables, alors, à la fermeté de mes jambes, au galbe des mollets durcis par la fréquentation assidue du bitume, ma seule université jusqu'à l'âge de vingt ans.

3. Éloge
de quelques coureurs

Rien n'a pu dépasser la dramaturgie cycliste qu'offrirent à mes yeux de gosse le Cannibale Eddy Merckx et le fier Castillan Luis Ocaña, dont les posters en couleurs figuraient chacun en bonne place dans ma chambre de La Rochelle, punaisés comme il se doit sur les hauteurs voisines du plafond. C'était le début des années 1970, et la corrida promettait de se répéter été après été, victoire après victoire de Merckx, de chute en défaillance d'Ocaña. À l'été 1971, l'année de mes onze ans, l'âge de raison bien sonné, je pris la ferme décision de devenir coureur cycliste, maillot jaune et champion du monde. Il faisait très chaud dans les Landes, où je passais les grandes vacances chez mes grands-parents, dans les odeurs de résine et de pin. Il me semblait évident — comment d'ailleurs les copains du quartier pouvaient-ils ne rien deviner ? — que mon patronyme valait adoubement d'office dans le cercle restreint des Géants de la route.

Fottorino prenait sa source dans Fausto Coppi, et le « Campionissimo » avait d'ailleurs succombé à une malaria contractée en Afrique de l'Ouest au tout début de 1960, l'année de ma naissance. Tout cela plaidait en ma faveur, j'étais assurément la réincarnation de Fausto...

Fort de ces certitudes inavouables, mais ô combien stimulantes, je grimpais sous le soleil les bosses de la Chalosse, la côte de Saint-Pandelon (la « vieille » très raide, la « jeune » au macadam plus roulant mais interminable), la côte de Saint-Lon-les-Mines (très ombragée), la côte de Montfort (aux pentes dénudées qui lui donnaient des airs de Ventoux), en compagnie d'une escouade de mômes aux vélos parfois trop grands pour eux mais qui à leur tour rêvaient en jaune. On se distribuait les rôles avec les trois frères Ascencio dont le patronyme les prédisposait à la montagne, eux dont le père avait été coureur première catégorie au Maroc, autrefois. Titou choisissait Felice Gimondi, Jean-Michel était le grimpeur de poche Lucien Van Impe, Bruno était le sprinter Cyrille Guimard car il adorait aller vite. En chemin, il y en avait toujours un pour virer casaque, préférant tout à coup, par pure fantaisie, s'appeler Giovanni Battaglin (un espoir de l'Italie) ou José-Manuel Fuente, vu que l'Espagne poussait sa corne par ici, comme chantait Nougaro. Moi-même il m'arrivait de me glisser à l'aller dans la peau de

Merckx pour virer au retour dans celle d'Ocaña. J'arquais alors le dos comme un chat qui feule pour ressembler au champion de l'équipe Bic établi à Mont-de-Marsan, Luis le magnifique, battant et combattant, coureur comme il en était jadis des moteurs : à explosion.

Merckx et Ocaña, il me suffit d'écrire leur nom pour revivre ce que d'autres connurent avant avec Anquetil et Poulidor. La passion, l'épopée, le sentiment d'injustice parfois quand la déveine s'abattait sur l'un des deux, toujours le même en vérité. Ni Anquetil ni Merckx n'ont jamais croisé la poisse sur leur route. Elle fut la fidèle compagne de Poupou, le mauvais génie d'Ocaña.

Sans doute est-ce devant une photo agrandie de sa bicyclette que j'ai rêvé pour la première fois de posséder un vélo de course. Le sien brillait d'un bel orange acidulé, avec les lettres MOTOBÉCANE qui se détachaient sur le cadre, sombres comme des grains de café ou comme les yeux de l'Espagnol. Les cocottes de freins étaient percées pour gagner quelques grammes, idem pour les manivelles du pédalier et les couronnes en acier léger du double plateau. Le guidon était décoré d'une tresse orange qu'on appelle guidoline. Deux porte-bidons fixés aux tubes montraient que la route serait longue et brûlante. Le bas de la fourche avait trempé dans un bain de chrome, et l'éclat qui s'en dégageait prenait dans sa lumière l'ensemble de la monture. Un vélo de moins de huit kilos, voilà qui me laissait chancelant d'envie. Mon premier geste fut de démonter les inutiles garde-boue de mon demi-course à pneus ventrus (dits « pneus ballons ») avant d'entreprendre une demande en bonne et due forme devant l'autorité parentale : le digne descendant de Fausto Coppi se devait de chevaucher un vélo équipé de véritables boyaux pas plus gros, une fois gonflés, que la largeur du pouce. Quelques résultats scolaires satisfaisants couronnèrent la requête de succès. Et c'est ainsi qu'une bicyclette orange comme les flammes d'un incendie vint enchanter mes étés à partir de 1975, fameuse année pour Bernard Thévenet qui triompha de Merckx et pas seulement sur le carrelage de la maison.

Retour à 1971, ou plutôt rétropédalage. Le grand Eddy, je l'admirais. Il avait déjà tout gagné, Tour de France, Giro, Vuelta, et aussi les classiques, Milan-San Remo, Paris-Roubaix, Liège-Bastogne-Liège, tout. Là où passaient les courses cyclistes, dans tous les cols des Alpes ou sur la via Roma, dans les monts des Ardennes ou sur les pavés du Nord, à Mexico, Zurich, Liège, Nice, Montréal ou sur les chemins de Lombardie, le nom de Dieu s'écrivait Merckx. Il s'enveloppait si vite de jaune, juillet venu, qu'on oubliait qu'il portait un maillot couleur miel et noir, le paletot de la Molteni. J'appris seulement des années plus tard qu'il s'agissait d'une marque de saucissons... Merckx dont la grande plume de *L'Équipe*, Philippe Brunel, a écrit qu'il était le premier champion rock. Un roc assurément. Pour donner le change, ses adversaires mécréants dont il ne faisait habituellement qu'une bouchée l'appelaient « l'Ogre » ou « le Cannibale ». L'homme était en effet insatiable, et seule la victoire était de nature à déposer sur son visage fermé l'ombre fugace d'un sourire. Il était aussi discret, secret même, le regard toujours perdu dans une certaine mélancolie qui se faisait chaque fois l'obligation de gagner dès lors qu'il enfourchait une bicyclette, que la route soit plate ou pentue, cinglée de pluie ou liquéfiée de soleil. Son palmarès est une chanson de geste, avec coups de trompette et coups de bambou, des victoires en pagaille et, peu à peu, insensiblement, le retour émouvant du dieu au rang des simples hommes quand sonna, très tard, le temps des défaites. « Merckx appartient au patrimoine universel de l'effort humain », affirmait Antoine Blondin. Un monument parfois inattendu, comme ce jour où il défia Jacques Anquetil au whisky (Merckx, pas Blondin...), se montrant sur ce terrain plus fort que l'alambic normand...

Ocaña, lui, Luis, je l'aimais. C'était un athlète fin, tout en muscles et en nerfs, un cavalier d'orgueil au panache de torero, avec les cimes de l'Aubisque et du Tourmalet toujours en reflet au bout des pédales. Chevalier sans peur, il contestait au Cannibale son appétit. Bouffi de talent et de fierté, ombrageux et grande gueule, il avait baptisé « Merckx » un de ses chiens pour le seul plaisir de lui crier « au pied ! ». Ocaña n'avait pas peur. Le peloton se terrait sous la férule du champion belge. Tout droit sorti de l'œuvre de Cervantès, prêt à perdre la vie dans une bataille de Lépante (1571, où l'auteur du *Don Quichotte* perdit un bras), pourvu que son Lépante soit une forte pente, Ocaña était un Grand d'Espagne dont, jeune amateur, il avait arraché en conquistador la tunique sang et or au terme d'un championnat national sans merci. Sur le lit de son père mourant, il avait déposé ce trophée, promettant qu'un jour c'est le jaune et lui seul qu'il ramènerait à la maison, dans le soleil d'une arène en forme de roue, comme d'autres se pavanent avec les attributs du taureau. Quand il se dressait sur ses pédales, sur les routes abruptes de juillet, l'hidalgo était le seul homme ou surhomme capable de réaliser cette prouesse : lâcher jusqu'à son ombre.

En 1971, j'ai pleuré quand il est tombé dans le col de Mente, quand un hélico l'a emmené sur une civière, la cage thoracique défoncée, son maillot jaune couvert de son sang. Il dominait tant depuis l'étape d'Orcières-Merlette, dans les Alpes, où il avait relégué Merckx aux oubliettes.

L'image m'a longtemps hanté du champion criant de douleur, à terre sur le bitume, sous la pluie enragée, sous l'orage qui changeait le jour en nuit d'encre. Il a fallu attendre encore deux ans pour qu'Ocaña enfin ramène son beau paletot, immaculé enfin, à Paris. Son père était mort, mais s'il avait grimpé si vite vers le sommet, là où les nuages touchent le ciel, n'était-ce pas pour permettre au défunt de caresser sa gloire dorée ? Inutile de dire que cet été-là, juché sur ma bécane, chaîne et moyeux bien huilés, un tee-shirt jonquille un peu trop court laissant mes reins dénudés, traversant les champs de maïs et de tournesols, je voyais la vie en jaune. Et lorsque, des années plus tard, Ocaña l'éternel « dynamitero » a senti la maladie le ronger, quand il s'est échappé de la vie terrestre d'un coup de fusil de chasse, j'ai reçu une décharge dans le cœur, comme le jour où il avait chuté au col de Mente. Une boule s'est serrée dans ma gorge. J'ai revu en instantané le film de ses grandes heures, sa silhouette découpée dans le soleil, son regard sombre, ses gestes fiévreux, son sourire quelquefois, quand il avait joué un mauvais tour à Merckx.

Longtemps j'ai roulé sur un vélo comparable au sien, tout au moins par la couleur, ce bel orange des années « Bic ». Si je pense encore à Ocaña, à sa tragédie personnelle, à son éternel combat mythologique face au roi belge, quelque chose comme le duel Coppi-Bartali de l'autre côté des Alpes, ou Anquetil-Poulidor, éternel combat d'Achille contre Hector, si je pense à tout cela, c'est mon premier vélo orange avec ses roues « Campa » et sa douce guidoline qui tourne dans ma mémoire.

Nourri très jeune de revues cyclistes à photos sépia et d'ouvrages historiques sur le Tour signés Pierre Chany (autre grande plume de *L'Équipe*), je ne pouvais avoir que l'admiration rétrospective. Si mon panthéon était ouvert à quelques contemporains, Merckx faisant invariablement la course en tête et Ocaña lui disputant la place (vous finirez par le savoir), Thévenet en embuscade avec son menton volontaire et son surnom populaire de « Nanard », je plongeais aisément dans la légende pour remonter à la surface de la gloire des cracks plus ou moins oubliés : Charly Gaul qui prit le pouvoir sur la Grande Boucle en 1958, tandis qu'un général grimpait de son côté les marches de l'Élysée ; Henri Anglade, Stan Ockers, Albert Dolhats, un puissant Landais qu'on appelait « Bébert les Gros Mollets », et dont les chevilles considérables frottaient tant à la chaîne qu'il avait fallu lui forger un pédalier *ad hoc*, renfoncé dans le cadre, pour lui éviter cet inconvénient. Je ressuscitais Roger Hassenforder qui traitait Bobet de « Bobette » et ajoutait que des Bobet, il en avait un dans chaque jambe. J'honorais la mémoire de Robic, dit « Biquet », couvert de la tête aux pieds de plaies et de bosses et qui, pour descendre les cols à tombeau grand ouvert, remplissait son bidon de mercure, le plus lourd des métaux liquides, vu que le règlement exigeait d'un coureur qu'il n'introduise aucun solide dans son bidon... J'épelais encore : Federico Bahamontes, Ottavio Bottechia, Roger Rivière, et, si l'humeur était à la pluie, c'est Charly Gaul que je convoquais encore, le petit Luxembourgeois dont la légende collait au maillot frappé d'une croix.

Je n'imaginais pas que le roi de la montagne viendrait un jour à manquer d'air pour succomber, à près de soixante-quinze ans, d'une embolie pulmonaire. Charly manquant d'air ? Une mauvaise blague, comme toujours quand la mort s'en mêle avec son manque de savoir-vivre.

De toutes les images laissées par « l'Ange de la montagne », je garde celle de son envol dans le massif de la Chartreuse en compagnie de Bahamontes, le 16 juillet 1958, année de son unique victoire dans le Tour de France. Sur un vélo, Charly Gaul était une énigme. Un petit bonhomme de pluie au regard à la Buster Keaton, qui n'aimait rien tant que le mauvais temps pour accomplir ses exploits de grimpeur sans pareil. Dans le Giro déjà, c'est sous la neige et à travers le brouillard qu'il signa dès 1956 une victoire magistrale dans « une étape préhistorique », selon le mot de Brunel. Plus la route s'élevait, plus Gaul accélérait, dans une pédalée souple et cruelle pour ses adversaires tant elle marquait son écrasante suprématie. L'année d'après, il aurait pu l'emporter de nouveau si Louison Bobet et Raphaël Geminiani n'avaient pas attaqué au moment où il sacrifiait à un besoin naturel. « J'ai été garçon boucher, je vais vous ouvrir le ventre ! » cria-t-il, furibard, aux deux compères. La légende veut qu'il n'adressa plus jamais la parole à Bobet. En 1959, il remporta pour la deuxième fois le maillot rose de vainqueur du Tour d'Italie. L'homme avait de la suite dans les braquets. S'il donnait le meilleur de lui-même sous les trombes d'eau, Charly Gaul ne supportait pas la chaleur, qui lui valut de sévères défaillances. Comme tous les grands champions de la montagne, il était doté d'un tempérament fantasque. Lorsqu'il mit fin à sa carrière, il tourna le dos à la notoriété, partant se réfugier dans une forêt des Ardennes. Peut-être avait-il voulu retrouver, ayant mis pied à terre pour de bon, la solitude des sommets, du temps où il éparpillait des pelotons entiers derrière lui, entre les Alpes et les Pyrénées.

Des décennies entières il fut invisible, confortant par son absence l'épaisseur et le trouble de sa légende. Avec les Suisses Ferdi Kübler et Hugo Koblet, l'Espagnol Bahamontes ou le mythique « échassier » d'Italie Fausto Coppi, Charly Gaul appartenait à ce club très fermé des coureurs

d'élite laissant dans leur sillage un parfum sul-
fureux et entêtant. Coppi était mort d'une fiè-
vre ramenée d'Afrique. Koblet s'était tué au
volant de son auto lancée à toute allure. Kübler
avait manqué mourir sur les pentes de l'Izoard.
Gaul, lui, avait choisi la disparition comme
mode d'existence. Il fallait être physionomiste
pour reconnaître, dans ce spectateur anonyme
et bedonnant venu sur la route du Tour, certains étés, la silhouette de Charly Gaul. D'après
les témoins qui le repéraient, seul n'avait pas
changé son regard transparent. Il vécut alors
dans une cabane en bois, se fit ermite, chasseur, pêcheur, loin des hommes. « Il n'y avait
que des arbres et de l'eau. Je passais les journées à planter des légumes. Les chevreuils ve-
naient manger au bout de mon jardin », confessa-
t-il plus tard, au début des années 1980, lorsqu'il
reparut enfin. L'athlète superbe et imberbe avait
laissé place à un vieux petit monsieur ron-
douillard et barbu, oublieux de sa propre gloire.
Et c'est en vain que je cherchais sous ses traits
empâtés ceux du grimpeur au visage en lame de
couteau. Restait le rêve, les photos anciennes
où se déployait sa folle allure de feu follet encore bien vivant mais déjà céleste.

4. Éloge de l'année 1903

Qui se souvient d'Arsène Millocheau ? Cet inconnu au peloton fut en 1903 le « premier dernier », si l'on peut dire, de l'histoire du Tour, terminant l'épreuve 64 heures, 27 minutes et 8 secondes après le vainqueur de l'épreuve naissante, le Français Maurice Garin.

Plus de 64 heures... soit près de deux jours et demi dans la vue ! Ce détail édifiant, fourni par mon confrère Jean-Paul Brouchon dans ses *Merveilleuses histoires du Tour de France*[1], donne une idée de ce que fut, dans sa démesure, dans sa dureté aussi, la Grande Boucle inaugurale.

Il faudrait plutôt parler d'épopée, de coup de folie des organisateurs et encore plus des coureurs qui s'alignèrent au départ, un après-midi d'il y a un siècle et des poussières, (précisément le 1er juillet 1903 à 15 h 16), devant le café Le Réveil-Matin, à Montgeron, dans ce qu'on

---

1. Éditions Jacob Duvernet, 2003.

n'appelait pas encore la banlieue parisienne. Sur 78 inscrits, 60 seulement se présentèrent aux ordres du starter, et 19 jours plus tard et 2 428 kilomètres plus loin, 21 courageux en finirent avec six étapes interminables (comme Paris-Lyon, 467 km, ou Bordeaux-Nantes, 425 km), dont le désormais fameux Arsène Millocheau.

L'histoire a souvent été racontée de ce premier Tour de l'histoire qui allait scander tous les étés du XXe siècle, à l'exception de ceux où la France n'était plus exactement la France, entre 1915 et 1918, puis entre 1940 et 1946. Ce qui fit dire plus tard à Antoine Blondin que, si la France était gouvernée par le général de Gaulle, elle l'était en juillet par Jacques Goddet, directeur du Tour pendant plus de cinquante ans...

Revenir aux sources de la Grande Boucle, c'est d'abord faire — un peu — de politique. À la fin du XIXe siècle, les convulsions de l'affaire Dreyfus agitent jusqu'à la presse sportive. L'éditorialiste Pierre Giffard, qui a créé le journal *Le Vélo* en 1893, ne se prive pas de soutenir ouvertement le capitaine, alors que ses mécènes, le baron de Dion et le manufacturier Edmond Michelin, sont antidreyfusards.

Giffard a aussi créé les courses cyclistes Paris-Brest-Paris et Bordeaux-Paris, initiant ce lien congénital entre la presse et certains événements sportifs censés dynamiser les tirages. Mais, au début des années 1900, rien ne va plus entre Giffard et ses « sponsors ». Ils décident de lancer un nouveau journal dédié au sport, qu'ils confient à un ancien recordman de l'heure devenu directeur de vélodrome, Henri Desgrange.

Imprimé sur papier jaune, *L'Auto-Vélo* est né, qui deviendra simplement *L'Auto* après que Giffard eut intenté et gagné une action en justice. Dans son *Histoire du cyclisme*[1], Jean-Paul Ollivier fait revivre le climat de rivalité qui régnait en 1902 : « Le 20 novembre, un événement d'importance s'annonce. Au cours de la conférence de rédaction qui s'achève autour du vieux poêle de la "cage centrale" de *L'Auto*, on a encore évoqué le concurrent. Desgrange se tourne vers Géo Lefèvre, chef de la rubrique cycliste : "As-tu une idée ?" me demande pour l'énième fois Desgrange. Alors, un peu au hasard et sans grande conviction, je lançai : "Pourquoi pas le Tour de France ? On ferait des étapes coupées de jours de repos." Desgrange sursauta et me demanda si je devenais fou. »

Mais l'ancien pistard devenu patron de presse saisit tout de même l'idée au vol et s'en va voir son ami l'administrateur de *L'Auto*, un

1. Flammarion, 2003.

certain Victor Goddet, père de Jacques, celui que Blondin considérait comme le chef de l'État au mois de juillet. « Rien de possible sans son approbation, écrit Jean-Paul Ollivier. Or, à peine Desgrange a-t-il fini son exposé que Goddet se soulève de son fauteuil et s'en va à son coffre-fort, qu'il ouvre tout grand. "Pour un Tour de France cycliste, il est à votre disposition, mon cher Desgrange", dit-il. Et il ajoute dans un sourire : "Votre Tour de France me permettra d'en acheter un plus grand." »

Géo Lefèvre n'a pas fini de se dépêtrer de son « idée folle ». Comme le raconte Jean-Paul Brouchon, « la voiture de *L'Auto* suit le peloton, mais Lefèvre, à la fois chronométreur, juge à l'arrivée et envoyé spécial du journal organisateur, est au milieu du peloton et à bicyclette. Il effectue un premier contrôle à Fontainebleau avant de prendre le train pour Paris pour donner son papier à *L'Auto* et de repartir, toujours en train, pour Moulins, où il procède à un nouveau contrôle nocturne. »

À se demander si Géo Lefèvre ne fut pas la véritable figure, avec Maurice Garin, de cette première édition, qui se révéla un véritable succès populaire, une foule immense attendant les champions à Ville-d'Avray, lieu où fut établi le classement définitif, avant de les acclamer jusqu'au Parc des Princes, où le vainqueur revêtit un maillot blanc ceint d'une écharpe tricolore. C'est ainsi qu'il posa pour la couverture du journal *La Vie au grand air* du 24 juillet. *L'Auto*, quant à lui, avait tiré chaque jour 60 000 exemplaires. Le pari était gagné. Restait à écrire la légende. Les héros se bousculaient déjà au portillon, le reporter Albert Londres parlerait bientôt des forçats de la route. Ils s'appelaient Faber, Trousselier, Lapize, Petit-Breton ou encore Gustave Garrigou et Philippe Thys, le premier triple vainqueur du Tour.

Comme il fallait du grand spectacle, du toujours plus fort, toujours plus haut, les cols pyrénéens furent franchis à partir de 1910. « Vous êtes des assassins ! Des assassins ! » eut le temps de crier Octave Lapize à Géo Lefèvre dans la descente du Tourmalet, où il avait cru mourir. Il se trompait : c'est la Grande Guerre qui l'emporta, comme d'autres compagnons du Tour.

En 1919, les organisateurs eurent l'idée de passer au torse du premier au classement général un maillot distinctif. Il fut jaune, comme si les pages de *L'Auto* avaient déteint sur la désormais précieuse tunique. Et c'est Eugène Christophe, avec ses moustaches de vieux Gaulois, le premier grand malchanceux du Tour avant Poulidor, qui eut l'honneur de l'endosser. Jamais il ne réussit à le conserver jusqu'à Paris.

Plus d'un siècle a passé et, malgré les affaires de dopage, le Tour de France n'a cessé depuis d'attirer les foules, d'inspirer chroniqueurs et écrivains qui s'échangent entre eux des noms de champions — Coppi contre Merckx, Bobet contre Hinault, Bahamontes contre Gaul, Indurain contre Armstrong — pour tenter de désigner le plus grand, le « Campionissimo ». Pour moi, les jeux sont faits et rien ne va plus : Merckx bat Coppi d'un boyau. La gloire éternelle est affaire de tripes.

5. *Éloge*
de quelques autres coureurs

Je devais avoir douze ou treize ans le jour où je me suis perdu du côté du port industriel de La Pallice, à la Rochelle. J'avais fini par atterrir rue de la Muse, devant la vitrine d'un marchand de cycles chez qui j'espérais trouver un nécessaire de réparation : colle et rustines, démonte-pneu à tête courbée, petite râpe pour frotter le caoutchouc de la chambre à air à l'endroit de la blessure. C'était l'été, on crevait de chaud. La ville entière était à la plage ou dans les cafés, moi je cherchais ce qu'il faut à tout cycliste qui se respecte pour ne jamais manquer d'air. Un grand escogriffe m'accueillit au son aigrelet des clochettes qui signalèrent ma venue. Vêtu d'une longue blouse d'instituteur, le bouton du lundi dans le trou du mardi, le cheveu rare et blanc, mâchonnant un chewing-gum tel Charles Bronson dans un western spaghetti, le géant repéra aussitôt sa proie. Enfin un gamin curieux et bon public qui goberait sans regimber ses histoires de coursier dont il avait dû instruire la terre entière, en tout cas le quartier de La Pallice où il tenait commerce. Il m'entraîna dans son arrière-boutique où les murs étaient recouverts de photos remontant aux années 1950, temps béni de sa gloire régionale. Pour moi seul il revécut son arrivée victorieuse dans le Bordeaux-Saintes de sa vie, un démarrage surprise sur les gravillons à l'entrée du vélodrome, une chaleur de four, oui mon p'tit gars, l'eau bouillait dans les bidons, comme je te le dis, et là j'en ai fait péter un coup...

Le geste suivant la parole, il avait empoigné un guidon imaginaire, tirant dessus de toutes ses forces, la mâchoire à moitié décrochée par la rumination du chewing-gum, un œil clos et l'autre grand ouvert pour s'assurer que je suivais bien. Ses adversaires imaginaires (mais bien réels dans son esprit), eux, ne suivaient plus. Jean Bégué, c'était son nom, fut un vainqueur magnanime. Très content de moi, de ma capacité d'écoute et d'émerveillement, il m'adouba graine de coureur et me fit le présent d'un maillot vert et blanc de marque Hutchinson, avec des poches à l'arrière pour y glisser un bidon, de la nourriture ou la boîte de rustines qu'il m'offrit en sus. Il refusa mon argent et me laissa filer avec mille recommandations, avec la promesse qu'un jour, oui, oui, monsieur Bégué, promis, je deviendrais un coureur. Le maillot vert et blanc était bien trop chaud pour la saison, il me grattait au cou et partout, mais je ne l'aurais ôté pour rien au monde.

Quelques années plus tard, devenu cadet, j'avais remporté le prix cycliste de La Pallice, non loin des grands silos à blé et de la base sous-marine. Mon regard chercha celui du père Bégué, mais il n'était pas venu. Mais en 2001, vingt-cinq ans après, instruit de ma folle équipée dans la course cycliste du *Midi Libre* disputée parmi les professionnels, il insista pour me revoir. Et il m'offrit le trophée que, un jour de 1976, il n'avait pu me remettre. La roue n'en finit pas de tourner.

Non loin de chez lui, à Nieul-sur-Mer, vivait mon ami René Drapeau, un costaud qui travaillait dès l'aube aux chantiers navals et filait tous les après-midi sur sa bécane, sitôt sorti de l'usine, pour des tours de cent kilomètres. Son projet dans la vie, hormis la menuiserie de marine, c'était de courir le Paris-Brest-Paris, mille deux cents bornes en trois ou quatre jours et autant de nuits. René était râblé, musclé et tenace. Avec lui j'ai fait mes premières grandes virées, des brevets de cent ou deux cents bornes, une sacoche posée devant le guidon avec une carte routière sous film transparent en guise de boussole. Dedans j'enfouissais un imper, des barres de céréales et de pâte d'amandes, des abricots secs, un transistor dont la fréquence se déréglait sans cesse au fil du parcours. On pédalait jusqu'à la nuit noire, avec nos brassards lumineux pour signaler notre présence après le dernier soleil. C'est sans doute pendant ces fastidieuses sorties que nous est venue l'idée de rouler plus vite et moins longtemps, de coller un dossard dans notre dos et d'aller goûter aux délices de la compétition. J'ai ouvert la voie. René m'a rejoint un an plus tard. Véritable force de la nature, il remporta sa première course dans les environs de Royan.

L'hiver on s'entraînait en bande, jeunes à duvet et grisonnants moustachus, minots et vétérans, tous égaux face au vent qui soufflait de l'Atlantique. Les plus « ficelles » m'apprenaient le b.a.-ba, où placer ma roue avant, comment se déployer en éventail sur la largeur de la route pour éviter les « courants d'air », comment tourner les jambes sur un petit braquet pour en garder « sous la pédale » à la prochaine bosse, tiens, du côté des Boucholeurs. « Le vélo, c'est de la souplesse », répétait un ancien aux mains tailladées, vu qu'il était ostréiculteur dans le civil, quand il ne portait pas le maillot du club de Châtelaillon, notre patrie cycliste… « Pense à boire, pense à manger, et si tu roules sur la caillasse, passe vite ton gant sur tes boyaux si tu ne veux pas percer. » Ce n'étaient que conseils, ruses et astuces transmis par les anciens, ceux qui en avaient vu d'autres : des pelotons de deux cents gars lâchés dans la nature, sur des routes si étroites qu'on aurait dit des chemins pour carrioles. Souvenirs d'entraînements du dimanche avec René et les autres, accent traînant des Charentes pour dire « prends la roue », « serre les dents », « reste avec nous ». Oui, surtout ça, reste avec nous.

Évoquant ces chevauchées fantastiques, un peuple de coureurs fantômes revient à mon esprit. Ils gardent leurs traits juvéniles, leur timbre de voix, leur allure. Chaque fois que je roule dans la campagne rochelaise, je tressaille lorsque je croise en chemin un cycliste rutilant. Je ralentis, ouvre bien les yeux, cherche un regard derrière des lunettes, sous un casque. Avons-nous roulé ensemble ? Cette silhouette, n'est-ce pas celle d'un ancien compagnon de virée ? À moins qu'il ne s'agisse de son fils, puisque la roue de la vie s'en donne à cœur joie pour enchaîner les générations...

Aussi m'arrive-t-il de songer à José Giovanni qui s'est fait la belle une fois pour toutes du côté de Lausanne, un jour de 2003. Giovanni, on ne le verra plus enfourcher son vélo tout chrome avec son air de ne pas y toucher, lui qui touchait à tout, de sa voix fluette et haut perchée. Me revient, fugace mais tenace, ce souvenir d'une partie de manivelle — à bicyclette, pas derrière la caméra — avec l'ancien taulard devenu un monsieur *ès* lettres et cinéma. C'était en 1993. Un rendez-vous de cyclards auquel s'étaient ralliées deux figures de « tontons flingueurs » : Louis Nucera, qui pédalait pur, et José Giovanni, qui pédalait dur. Il faut l'avouer : je souffris dans leur sillage, je serrai les dents et pris des courants d'air pendant que les deux papys, empoignant leur guidon comme les cornes du *toro*, trouvaient encore le moyen d'échanger des mots d'auteur. Nucera est parti trop tôt au paradis des cyclistes, après qu'un chauffard à qui Giovanni eût volontiers troué la peau les avait expédiés, lui et son vélo, dans un soleil fatal, sur les hauteurs du pays niçois. Rien que d'y penser, j'ai la pédale mauvaise. Giovanni a sans doute rejoint son ami Nucera, et aussi Blondin, et aussi Audiard, car ils étaient de la même bande, écrivains au kilomètre et roulant au sentiment.

Il n'avait pas l'air commode, Giovanni, sur sa bécane, avec son gros casque pour protéger ce qu'il avait de plus précieux, une tête bien faite et bien pleine, qu'il avait soustraite à l'échafaud dans une autre vie.

Une vie de malfrat qui lui avait laissé un souvenir de 7,65 mm dans la guibolle. Ce souvenir lui faisait dire parfois que son genou grinçait comme la porte d'un château hanté. Frissons dans le dos assurés.

Il est vrai que l'ancien condamné à mort prétendait ne penser qu'à vélo. Ses *Grandes*

Gueules[1], les Delon, Ventura, Gabin ou Bourvil, il leur trouvait des répliques et des scènes en tricotant les bornes. « Tous les scénaristes et les romanciers en panne sur leur page blanche devraient sauter sur un vélo et gravir quelques cols », professait-il, preuve à l'appui. C'est dans un périple de sept cents kilomètres et des poussières entre le Léman et Nice, avec vingt sommets à avaler, qu'il avait, quatre jours durant, imaginé le scénario du *Ruffian*. À sa descente de vélo, il avait vu Claudia Cardinale en baronne et Lino en aventurier.

Entre-temps, il avait plié sa patte grippée devant la stèle de Fausto Coppi, dans la Casse-Déserte de l'Izoard. Pour avoir purgé une peine de onze ans, José Giovanni avait le culte des échappées.

1. Titre de ses Mémoires parus chez Fayard en 2002.

6. Éloge (raisonné)
de la Grande Boucle

Et si la légende des cycles n'était que poudre aux yeux ? Les vérités brutales du Tour de France qui défraient la chronique depuis l'affaire Festina, en 1998, jettent une ombre glaciale sur les amours d'enfance de toute une nation, qui a élevé les rois de la petite reine au rang de demi-dieux, de géants populaires qu'on encourage au bord des routes, que l'on pousse, à l'occasion, d'une tape furtive dans le dos, au plus fort de la pente, de Tourmalet en Galibier. Rien n'a jamais arrêté le Tour, sinon les guerres. C'est dire combien les champions pédalants ont forcé l'admiration d'un pays gagné à leur cause, petit peuple des boutiques et des ateliers, des champs et des usines, mais aussi intellectuels et penseurs de tout poil croyant reconnaître dans cette aventure bucolique un rien vieillotte — grimper des cols à vélo, mon Dieu ! — la dernière fabrique de héros, une de ces épreuves de force où l'homme, par la souffrance endurée, le courage, la vaillance, se montre plus grand que lui-même, se dépasse, se sublime et « fait rêver ».

Un rêve ? Il s'agit bien de cela. Depuis 1903, et après quatre-vingt-quatre éditions de la Grande Boucle, la machine à rêver était demeurée intacte ou presque. Loi du silence, loi de la connivence, anciens champions reconvertis dans la presse, journaux partie prenante dans l'organisation du spectacle, il fallait que la caravane passe, et que les chiens, ou les brebis galeuses, se taisent. Le « pas vu, pas pris » régnait, le peloton se mettait en grève à la première menace de contrôle antidopage surprise sur le Tour, ainsi en 1966.

On parlait bien, à mots couverts, de la mort de ce pauvre Tom Simpson dans le Ventoux, de l'étrange maladie qui emporta Fausto Coppi, de la chute malheureuse de Roger Rivière dans la descente du Perjuret, des métamorphoses musculaires de quelques sprinters belges ou français, des médications de cheval de Luis Ocaña ou de José Manuel Fuente (tous deux décédés vers la cinquantaine), pourtant dignes successeurs de Bahamontes. Et, malgré ces taches sur le maillot jaune, malgré les confessions de Bernard Thévenet sur son traitement à la cortisone, malgré la supercherie du Belge Michel Pollentier en 1978 (il s'était rendu au contrôle antidopage muni d'une poire remplie d'urine « propre »), la légende perdurait.

Même la victoire de l'Espagnol Pedro Delgado, dix ans plus tard, ne fut pas vraiment ternie par un contrôle positif à un produit masquant qui ne figurait pas encore sur la liste des substances interdites par l'Union cycliste internationale (mais seulement sur celle du Comité international olympique)... Les coureurs ne craignaient que la défaillance, représentée par le dessinateur Pellos, dans *L'Équipe*, sous les traits d'un couple effrayant, la sorcière aux dents vertes et l'homme au marteau. Jamais un policier ou un magistrat ne s'était glissé dans la peau de ces spectres. C'est maintenant chose faite. Le coup de bâton est tombé sur le Tour 1998, et l'indignité a ressurgi en 2006, sur une épreuve qu'on voulait croire pure avec la victoire de l'Américain Floyd Landis... Par un violent retour de manivelle, une glorieuse histoire s'est alors changée en imposture. Le poète avait raison : une minute peut blesser un siècle. L'épopée du vélo est à terre. Il ne s'agit plus de déclasser un ou cent coureurs, mais une épreuve, et des plus belles. Le sport cycliste se voit contraint de réviser son âge d'or, de déboulonner ses idoles, comme si, en filigrane d'un palmarès prestigieux, surgissait ligne après ligne le mot qui fut trop longtemps tabou : dopé.

Envoyé en 1949 sur le Giro d'Italia par le *Corriere della Sera*, l'écrivain Dino Buzzati, qui n'avait jamais assisté à la moindre course cy-

cliste, s'était émerveillé du duel sans merci
auquel s'étaient livrés les deux idoles de la Pé-
ninsule, Fausto Coppi « il Campionissimo », avec
ses jambes d'échassier, son teint livide et ses
joues creusées par l'effort, et Gino Bartali dit
« Gino le pieux », ou « il Vecchio », qui approchait
de la quarantaine et refusait de s'incliner. Dès
les premiers jours de la compétition, l'auteur
du *Désert des Tartares* compara ce *mano a mano*
à la lutte d'Achille et d'Hector.

C'était chose entendue : les champions cyclistes, à chaque coup de pédale, se hissaient vivants
dans la mythologie des surhommes. Lorsque les
deux champions italiens franchissaient les Alpes
et continuaient d'en découdre sur les routes de
France, c'était la même émotion, la même passion, la même admiration pour ceux qu'Albert
Londres, dès 1924, avait qualifiés de « forçats
de la route ». Des coureurs, les frères Pélissier,
avaient montré au reporter des fioles de cocaïne, du chloroforme, des pilules baptisées
« dynamite »…

De drame en exploit, la légende du Tour s'est
écrite avec le sang et la sueur des cracks du vélo,
avec les vivats, les banderoles, les airs d'accor-
déon d'Yvette Horner, les miss intimidées remettant la gerbe au vainqueur, les secrets d'un
peloton compact d'où sortait parfois un visage
d'archange, le bel Hugo Koblet, Fausto Coppi
qu'aimait une mystérieuse Dame blanche, Jac-

ques Anquetil au regard bleu, Charly Gaul, qui
se jouait des montées comme après lui Lucien
Van Impe ou le maudit Marco Pantani, parti à
jamais dans un nuage de cocaïne, une nuit de
2000, abandonné de tous, dans un sordide
hôtel de Rimini, au bord de l'Adriatique.

L'après-guerre aura donné au public, encore
sous le coup des restrictions et de la crise du lo-
gement, des héros teigneux et volontaires qui
incarnaient un certain esprit de résistance. Qui
pourrait oublier le masque rageur de Robic
s'envolant à la sortie de Rouen dans la bien
nommée côte de Bonsecours, lors de l'ultime
étape du Tour 1947 ? « Biquet » vainqueur, c'était
la consécration du coureur si souvent malchanceux, aux chutes et fractures innombrables, avec
un cœur « gros comme ça », un gars dur au mal.
Tout comme cet autre Breton, Louison Bobet,
futur triple vainqueur de l'épreuve. Pour ce fils
de boulanger qui avait quitté le four à pain pa-
ternel l'âme pétrie d'orgueil, le vélo n'était pas
une sinécure. Sur les traits de son visage se lisait une détermination hors norme ; rien n'était
donné, rien n'était facile. Celui que ses détrac-
teurs appelaient « Bobette » à ses débuts allait
montrer à tous l'étendue de son talent, ou plutôt
de sa volonté. Moins de classe naturelle qu'un
Coppi, qu'un Anquetil ou, bien après, qu'un
Eddy Merckx ou un Bernard Hinault, mais une
singulière aptitude à reculer les limites de la

douleur, les mains serrées sur les cornes du guidon, le regard presque effrayant de celui qui veut gagner. Comme la France a aimé ce champion chevaleresque, admirable dans le Tour 1955 qu'il remporta le torse ceint du maillot arc-en-ciel de champion du monde, blessé à la selle et souffrant le martyre !

Avec ces vedettes de chair et d'os, le Tour renouait avec les temps héroïques, ceux d'avant la Première Guerre mondiale, lorsque les coureurs franchissaient la montagne dans la nuit, se trouvaient nez à nez avec des ours, ou faisaient le coup de poing avec les supporters de leurs adversaires. On sortait les gourdins et même les revolvers. Des mains « criminelles » jetaient des clous sous les pneus fragiles des concurrents. Le Tour de France était taillé à la serpe, à peine une dizaine d'étapes interminables, avec un règlement de fer et d'enfer : les coureurs devaient réparer leurs bicyclettes sans aucune aide extérieure. Ce qui valut à Eugène Christophe, en 1913, de ressouder sa fourche nuitamment dans une forge de Sainte-Marie-de-Campan, au pied du Tourmalet, sous l'œil incrédule du forgeron et de son fils. Et alors que le vieux gaulois Christophe quémandait de quoi manger, il s'entendit répondre par « le patron » Henri Desgrange : « Si vous avez faim, mangez du charbon ! » En 1919, le même Christophe fut le premier porteur du maillot jaune :

la précieuse tunique avait été créée pour distinguer le premier du classement général. La couleur était jonquille, comme les pages du journal organisateur, *L'Auto,* ancêtre de *L'Équipe.* Un nouveau bris de fourche sur les pavés de Valenciennes devait le priver de la victoire finale.

L'épopée du Tour, c'était la malchance, l'injustice, les crevaisons à répétition sur des pistes mal ou pas goudronnées, et puis les « gamelles », de méchantes bûches fatales aux clavicules, aux genoux. L'épopée, c'était encore l'altruisme, comme cette image du champion niçois René Vietto pleurant seul sur le parapet du col de Puymorens, en attendant le camion d'assistance qui lui apporterait une nouvelle roue. Nous sommes dans l'édition 1934. Quelques minutes plus tôt, le Maillot jaune Antonin Magne a cassé sa jante en bois dans un nid-de-poule. Vietto, échappé à l'avant, a rebroussé chemin pour offrir sa roue à « Tonin », son coéquipier. La France entière verse des larmes avec Vietto, comme elle salue, trois ans plus tard, la victoire du Bordelais Roger Lapébie, puis le premier succès de Bartali, en 1938. Les Tours d'avant-guerre avaient fait leur moisson de moments forts, de vélodrames et de patriotisme bon enfant. En ce temps-là, seules des équipes nationales ou régionales disputaient la Grande Boucle. Les marques, les sponsors, la publicité étaient encore hors course. Pour des millions de spectateurs, le Tour était un spectacle festif et gratuit.

On s'y rendait en famille, chacun essayant d'apercevoir ses champions dans la chenille du peloton. Les gamins attrapaient au vol une casquette, un bidon. Un cirque passait, avec sa magie, ses odeurs d'embrocation, la féerie bourdonnante des toisons multicolores et des bicyclettes en roue libre. Viendrait ensuite le ballet des voitures suiveuses, phares allumés en plein jour et klaxons à l'italienne comme dans une scène du *Fanfaron*.

Aux heures de canicule et de bitume liquéfié, quand les coureurs chassaient la canette ou le tuyau d'arrosage, quand certains mettaient pied à terre le temps d'un verre d'eau ou d'un coup de rouge (comme ce malheureux Abdelkader Zaaf que les vignerons de Millau soûlèrent au point qu'il reprit la route... à l'envers), quand les champions descendaient l'espace d'un instant de leur piédestal, le public pouvait mieux encore se les approprier, les toucher, leur parler, leur dire combien il respectait leur effort. La lanterne rouge (le dernier du classement) était le chéri des foules, car ce qu'il faisait, « il fallait le faire ». Au sommet des cols, c'était à qui tendrait aux héros dégoulinants un journal plié en deux. Non pour le lire dans la descente, mais pour le glisser subrepticement sous le maillot, éponger la sueur, repousser le froid qui vient avec la vitesse en dévalant les montagnes.

Images encore de champions à la dérive, le regard fixe, pendant que, plusieurs lacets au-dessus, s'envolent les purs grimpeurs. Ronron de la « voiture-balai », à l'arrière, que tous les naufragés du Tour finissaient par rejoindre les larmes aux yeux. Signe qu'on ne lâchait jamais prise avec soulagement, qu'on repoussait jusqu'au dernier souffle l'instant fatal : desserrer les cale-pieds, s'immobiliser à côté de son vélo, sentir des mains qui arrachent le dossard comme on dégrade un déserteur, puis marcher avec ces étranges chaussures de cycliste qui, sorties des pédales, affligent le champion d'une manière d'infirmité.

Un voile pudique recouvrait l'intimité des coureurs. S'ils exhibaient sous le soleil et aux regards de tous leurs jambes nues et huilées, rasées de frais (pour faciliter les massages et la pose des pansements en cas de chute), ils préservaient jalousement les petits secrets de leur préparation. Derrière ses lunettes noires, Cavanna, le soigneur aveugle de Fausto Coppi, « accordait » les muscles de son champion comme un guérisseur de pianos rend leur souplesse aux cordes martelées de la table d'harmonie. Mais quelle potion magique délivrait-il à Fausto, de quelle aura sulfureuse jouissait-il pour attirer dans sa retraite italienne un jeune prodige de vingt ans avide de conseils, Jacques Anquetil ?

Quand sonna l'heure du Normand, la France découvrit un champion métronome, économe de ses efforts, apprivoisant en virtuose les aiguilles de la montre. Pourquoi creuser de gros écarts si une poignée de secondes suffisait pour l'emporter ? Anquetil ne fut pas populaire, mais il perpétua lui aussi la geste héroïque du Tour, avec cinq victoires dans sa musette et des duels à répétition (comme dans le Puy-de-Dôme, en 1964) avec le généreux, le malchanceux, le bienheureux pourtant, Raymond Poulidor. Robuste et sain (jamais on ne parla à son propos de dopage, à la différence de « maître Jacques »), le Limousin avait un nom en « or ». Il fut populaire, gentil, souriant, donna l'image du champion tranquille, comblé (bien qu'il s'en défendît) par ses deuxièmes places. Lui aussi tomba souvent, s'égratigna, creva au mauvais moment, connut quelques défaillances cuisantes avant, toujours, de redresser la crête.

Le Tour de l'ère moderne n'en finissait pas de réinventer sa propre légende. Champion sans pareil, Eddy Merckx écrivit sans doute, à la force du jarret, les pages parmi les plus brillantes et denses de l'épreuve. Le prodige belge ne se contentait pas de tout gagner (d'où son surnom de « Cannibale »), de la Primavera (Milan-San Remo) jusqu'au championnat du monde. Il y mettait le panache, la hargne, la classe absolue. Combien de Tours de France Roger Pingeon,

Felice Gimondi ou Joop Zoetemelk auraient-ils pu espérer gagner s'ils n'avaient rencontré sur leur route le roi Merckx ? Des générations plus anciennes avaient rêvé devant les photos sépia de *Miroir Sprint* en découvrant Coppi, Bartali, Bobet, Anquetil (ou, encore avant, Speicher et les frères Pélissier). Pour la France sportive des années 1970, une photo allait marquer les esprits : Eddy Merckx seul en jaune, dans la montagne. Derrière lui, le passager d'une moto de presse éloigne la foule, les bras écartés. L'image, déformée par l'objectif, donne l'impression de deux ailes déployées dans le dos de Merckx. Un aigle règne sur la Grande Boucle. Cinq fois, il plantera ses griffes et vaincra.

Quand Luis Ocaña lui tiendra tête, en 1971, ce sera pour renouer avec la tragédie. J'ai dit le chagrin que me causa ce coup du sort. Le lendemain, Eddy Merckx refusa d'endosser la toison d'or abandonnée par son adversaire malheureux. Une histoire d'hommes, de chevalerie, un air de drame. Le Tour renouait avec son histoire éternelle. Revenaient les images de Vietto en pleurs, de Rivière dans ce ravin maudit où sa colonne se brisa en deux endroits, de Bobet du temps où il ne finissait pas le Tour de France. Mais le spectacle, lui, ne s'arrêtait jamais.

Il continua donc avec Bernard Thévenet, le « tombeur » de Merckx, avec Laurent Fignon,

mais surtout avec Bernard Hinault, Greg Le-
Mond et l'énigmatique Miguel Indurain, une
sorte de Robocop débarqué sur la planète cycliste. On ne connaissait pas encore Lance
Armstrong, le miraculé du cancer, le condamné
à mort qui n'en finissait pas de s'échapper, laissant dans son sillage de l'or et des doutes. Tous
ces hommes furent sans conteste d'authentiques
champions dont les exploits s'accompagnaient
d'une véritable « vélorution » : l'arrivée en force
de sponsors plus généreux (plus exigeants,
aussi, quant aux résultats), investissant dans les
équipes cyclistes avec l'idée implicite que la fin
justifiait les moyens (plus d'argent, de meilleurs
salaires pour les vedettes, des préparations
médicales plus pointues) ; la disparition des
couleurs de maillots sous d'innombrables ins-
criptions publicitaires ; la progression specta-
culaire des moyennes horaires dans les étapes
de plat comme sur les parcours pyrénéens et al-
pestres ; la mise au point de bicyclettes futu-
ristes avec roues lenticulaires offrant un effet de
volant ; les cadres et les casques profilés don-
nant aux champions l'allure d'extraterrestres.
Et les poisons modernes, EPO, pots belges,
manipulations sanguines, qui ont terni la fête,
jetant définitivement le spectacle sportif dans
l'ère de la suspicion.

Sûrement les champions de l'immédiat après-
guerre, et même la génération d'Eddy Merckx

ou de Bernard Hinault, n'ont-ils jamais eu re-
cours aux méthodes de dopage sophistiquées
mises en lumière par l'affaire Festina. Mais si
la légende a longtemps tenu, c'est que le public
était prêt à fermer les yeux sur la préparation
des gladiateurs, pourvu qu'il y ait des jeux. La
sagesse populaire le sait depuis longtemps : on
ne dispute pas un Tour de France en buvant de
l'eau claire. Grimper des cols de première catégorie, rouler plusieurs centaines de kilomètres
et terminer au sprint, endurer la chaleur et le
froid, encaisser les à-coups, les attaques des adversaires, pédaler contre le vent pendant trois
semaines et sur près de quatre mille kilomètres,
le régime est sévère, parfois inhumain. Avec la
boxe, le cyclisme passe à juste titre pour le sport
le plus difficile, le plus exigeant pour l'orga-
nisme. Ce n'est pas un hasard si la plupart des
champions légendaires étaient d'extraction mo-
deste. Le vélo les a sortis de la mine, de l'usine,
des cultures de fraises (Anquetil) ou d'une ferme
limousine (Poulidor). Les amphétamines, les
anabolisants, les cocktails bizarres préparés par
des soigneurs souvent spécialisés, aussi, dans la
dope des chevaux, voilà un univers qui — hé-
las ! — colle depuis toujours à la peau des cyclistes.

En feuilletant le palmarès du Tour depuis
plus d'un demi-siècle (la victoire de Robic en

1947), on se prend à s'interroger : combien étaient dopés ? Tous ? Et devant tel exploit de Bobet, de Gaul, d'Anquetil, de Merckx, d'Hinault, de Fignon, d'Indurain ou d'Armstrong, devant telle passe d'armes à vous couper le souffle immortalisée dans *L'Équipe* par un Antoine Blondin à l'humeur vagabonde et à la plume trempée dans les meilleurs breuvages de Bacchus, la question est désormais posée : à quoi marchaient-ils, quelle « dynamite », pour reprendre le témoignage d'Albert Londres, avaient-ils absorbée afin de nourrir une fois encore la machine à rêves ?

Dans les années 1960, un couplet de Guy Béart retentissait dans les transistors : « Le coureur a dit la vérité, il doit être exécuté. Le Tour est un spectacle qui intéresse beaucoup de gens et dans le spectacle, y a pas de miracles. » C'est d'avoir voulu faire des miracles sur le dos des champions que se meurt le Tour de France. Jamais un âne n'a remporté le Prix de l'Arc de triomphe, mais, à qualité comparable, le dopage peut faire la différence.

Bon gré, mal gré, les coureurs cyclistes n'ont cessé d'exposer leur santé aux feux de la rampe. Combien d'entre eux, une fois la dernière boucle bouclée, se sont retirés sur la pointe des pieds puis ont disparu avant l'heure ? La liste est longue de ces vies écourtées. Faut-il reprendre le palmarès ? Bobet, Anquetil, Ocaña, pour ne

citer que les plus aimés, et tant d'autres, moins
célèbres, des hommes tout de même, d'obscurs
compagnons qui ont écrit en lettres minuscules
la légende dorée, adorée, aujourd'hui brûlée, du
Tour de France. « Le Tour est terminé et cette
édition aura, je le crois, été la dernière. Il sera
mort de son succès, des passions aveugles qu'il
aura déchaînées, des injures et des soupçons qu'il
nous aura valus des ignorants et des méchants. »
Ces lignes, signées du patron de *L'Auto*, Henri
Desgrange, datent de juillet 1904.

7. *Éloge du* Midi Libre *2001*

Tous mes rêves d'enfants se sont réalisés au printemps 2001, quand l'autorisation m'a été donnée par les plus hautes autorités du cyclisme de courir une grande course par étapes avec des professionnels. Une aventure inattendue, incroyable, invraisemblable, que des milliers de coureurs du dimanche ont vécue avec moi comme par procuration, m'encourageant à pédaler jusqu'au bout, à travers les Cévennes et jusqu'au sommet du mont Saint-Clair, qui domine Sète. J'avais deux fois vingt ans mais je renouais avec mes jeunes années, quand je croyais dur comme fer qu'un beau jour je triompherais dans la Grande Boucle. Il avait fallu déchanter, mesurer l'écart qui sépare un honnête coureur régional d'un véritable champion. Il avait fallu faire le deuil de cette gloire au sommet. Puis les années avaient passé, pour moi aussi la roue avait tourné : cycliste dilettante, coureur pour le seul plaisir de la balade, j'avais remisé mes ambitions, regardant de loin, chaque été, s'ébrouer la caravane du Tour.

En 2001 sonna l'heure d'une odyssée qui prit la tournure d'une épreuve de mille kilomètres en six étapes, un jeu des mille bornes sur des routes plus qu'escarpées où figuraient, au palmarès, entre autres cracks, Eddy Merckx et Luis Ocaña... L'enjeu était simple : montrer qu'on pouvait rouler grand train sans dopage ; tenter de partager la condition des professionnels ; témoigner de la dureté de ce métier : coureur cycliste.

La règle du jeu aussi était simple : il s'agissait chaque matin de partir une heure avant les coureurs, escorté de quelques solides juniors issus de clubs des régions traversées. Vers la mi-course, après environ cent kilomètres accomplis, le peloton nous rattrapait. Là, j'avais la possibilité de me mêler à la meute si le rythme n'était pas trop soutenu, surtout dans les étapes de montagne où le peloton ne serait pas trop compact. Je devais toutefois veiller à ne jamais gêner le déroulement de l'épreuve, et surtout à ne pas faire tomber un concurrent. L'accueil, d'abord réservé, mélange d'inquiétude et de curiosité, se révéla somptueux. Il est vrai que, dès janvier, j'avais été incorporé à l'équipe de La Française des jeux dirigée par l'ancien double vainqueur de Paris-Roubaix, Marc Madiot. Marc m'y avait accueilli comme un frère. Le sprinter Jimmy Casper m'avait prêté un de ses vélos, une vraie fusée qui fit ma fierté : jamais de ma vie je n'avais possédé pareille bécane !

Huit ans ont passé. Quand je me replonge dans l'ambiance de cette aventure pour laquelle j'ai enduré plus de cinq mille kilomètres d'entraînement par tous les temps, je retrouve toute l'excitation joyeuse et la gravité du moment. Il y a quelque chose de vertigineux à porter une idée plus grande que soi. Aujourd'hui encore, j'essaie de répondre à cette question que l'on m'a posée cent fois et à laquelle je n'ai jamais répondu que par bribes laconiques, avec des mots simples, toujours les mêmes : la passion, le défi, l'envie de réaliser un rêve de gosse. Bon, très bien, mais encore ? Pourquoi me suis-je aligné dans une compétition si rude, parmi des coureurs professionnels le plus souvent très jeunes et en pleine possession de leurs moyens, ambitieux, avides de victoires, des gars qui font carrière, moi qui ne suis qu'un amateur animé par des songes ?

Je sais. Je sais pourquoi. Cela pourrait se résumer en trois ou quatre mots : retarder l'instant du crépuscule. Faut-il expliquer, justifier, se perdre en paroles là où seuls comptent les actes ? Retarder l'instant du crépuscule. Cela suffit. Les jambes qui tournent sur la terre qui tourne, c'est la vie qui repousse ses limites, qui agrandit ses frontières. Le temps perdu à rouler dans le vent, sous la pluie ou contre la montre, c'est du temps retrouvé pour affronter plus tard les jours gris qu'on tapisse avec ses souvenirs, tant mieux s'ils furent heureux, et s'ils ne le sont pas, au moins qu'ils soient riches en aventures. Jour après jour, sur mon vélo, j'ai joué les Schéhérazade qui repoussent l'heure fatale en disant des histoires. Moi, je me suis raconté une histoire, je l'ai prise en cours de route, le début était déjà loin, il a fallu raccommoder le temps et, après le *Midi Libre*, il m'a fallu le secours de l'imagination pour me projeter dans ce qui était mon rêve originel, mon rêve au grand air, cette envie de Tour de France qui au fond ne m'a jamais quitté.

Être écrivain, c'est sans doute combler les trous de sa propre vie avec l'étoffe rapiécée des destins qui nous dépassent. À chacun de mes anniversaires, depuis que j'ai trente ans, je me dis : une année de plus, les espoirs de courir un jour le Tour de France s'amenuisent. Jusqu'à trente ans, j'ai cru que le petit ange du vélo apparaîtrait dans mon bureau du *Monde* pour me dire : « Viens, on a besoin de toi sur les routes du Tourmalet ou d'Aspin, dans l'Izoard ou le Galibier. » Je me serais contenté d'être coureur greffier, lanterne rouge érudite. Bien des observateurs ont suivi le peloton, l'ont précédé, l'ont côtoyé de près. Pas un ne s'est glissé à l'intérieur pour butiner avec lui les fleurs de pavé ou de bitume au parfum de légende et de gloire, de drame et d'héroïsme. J'étais prêt pour cette folie. Rouler ma bosse et rouler ma bille, ma devise était toute trouvée. J'aurais été coureur — voyez mes jambes sans poils —, j'aurais été chroniqueur — voyez ma plume, légère dans les montées, au plomb pour les descentes...

Voilà pourquoi, lorsque a remué sous mes yeux le hochet du *Midi Libre*, je n'ai pu résister à l'appel venu de mes jeunes années. C'était une affaire de fidélité, une dette envers moi-même. Je me devais bien ça puisque je me l'étais promis, quand j'avais quinze ans, dans les lignes droites interminables du bord de mer où déjà le vent s'en donnait à cœur joie pour me couper le souffle et la route. Je me voyais en jaune, en champion du monde, en coureur radieux, en presque-dieu. L'année où Fignon remporta son premier Tour de France, je venais d'obtenir mon diplôme de Sciences-Po. Fignon et moi avons exactement le même âge. J'aurais donné cher pour échanger mon parchemin contre sa tunique, mais je n'étais pas envieux, nos chemins étaient différents, même si les commentateurs l'appelaient « le Professeur » à cause de ses lunettes cerclées et de sa réussite au bac...

Longtemps j'ai suivi les crises africaines, de l'Éthiopie à l'Afrique du Sud. J'ai enquêté sur le général Noriega au Panamá, vu la misère des favelas du Brésil, des bidonvilles de Mexico.

J'ai connu l'Union soviétique de la perestroïka,
les paysans de Pologne, les femmes en gants
blancs et voilette juchées sur leur vélo dans les
rues de Saigon. J'ai aperçu à Hanoi des paysans pédalant à toute allure avec, ficelés sur leur
porte-bagages, des porcelets tout ronds, quand
ce n'étaient pas d'incroyables échafaudages de
tuiles empilées qui, par miracle, ne tombaient
pas. J'ai arpenté Madagascar et Carthagène de
Indias en Colombie, j'ai remonté le fleuve Ni-
ger jusqu'à Tombouctou, admiré les sources du
Nil Blanc où nageaient des hippopotames. Pendant toutes ces années, à l'instant où ces impressions vivaces s'entrechoquaient dans mon
esprit, quand de cette réalité noire ou bigarrée
il fallait, par la magie des mots, écrire un article, je songeais : ce sera moins dur que de monter le Tourmalet. Combien de reportages rédi-
gés dans les avions de nuit me ramenant vers la
France, griffonnés au dos des menus, sur les
pages des carnets à spirale, sous l'éclairage va-
cillant des plafonniers ? Le dos courbé au-dessus
de la tablette, j'écrivais comme on pédale, cherchant la meilleure trajectoire pour les verbes et
les adjectifs, allant au plus court comme on
coupe un virage, allant au plus pressé, au mieux
pesé, n'oubliant jamais la règle première du
coureur : se faire léger, souple et délié.

Se faire oublier, aussi, pour mieux surgir là
où personne ne vous attend, au détour d'une

phrase, au sortir d'un tournant. Aujourd'hui encore, quand me guettent des pages d'écriture, mes ordres de grandeur sont convertis en intensité physique. Cela peut sembler incongru ou trivial de comparer le noble effort des lettres et celui du rémouleur de bitume. Pour moi ils sont égaux et, pour tout dire, la fibre cycliste, parce qu'elle m'a souvent remué la chair, m'est apparue comme une préparation sans pareille pour affronter le vertige des mots, l'épaisseur du langage au milieu duquel le chemin est étroit pour trouver le ton juste, le bon rythme, l'image, la couleur, la musique, l'émotion, la grâce. « On pense à vélo », prétendait Cioran. Je crois aussi qu'on écrit beaucoup quand on n'écrit pas. De ces longues virées à bicyclette me sont restées des phrases, et pas n'importe lesquelles : des débuts, des commencements, tous ces « il était une fois » qui rendent les histoires possibles, et belles.

Ces pages que je remplis comme on sort d'un rêve, je les dois à cette mécanique roulante qui m'a fait parcourir depuis l'adolescence des milliers de kilomètres à la force des muscles et de la volonté. Quand il pédale sur la route sous les yeux du public, le coureur est roi. Tous les regards, tous les égards sont pour lui. Puis la roue tourne, c'est une image pour dire que le temps passe. Le coureur devient une ancienne gloire, il est rentré dans le rang. Quand il a brillé, on se souvient de lui, Bobet, Poulidor,

Anquetil, Merckx, Thévenet. Même les queues
de peloton sont des queues de comète pour
ceux qui ont la passion intacte du vélo. Je les ai
vus à Compiègne, au départ d'un Paris-Roubaix, s'approchant des anciens pros avec des
photos remontant à vingt ou trente ans en arrière, quémandant un autographe, un souvenir
— « Vous avez bien gagné à Superbagnères, en
72 ? » —, le signe qu'eux aussi ont bien vécu
ces moments de légende, les étapes du Tour
dans le brouillard, les voitures suiveuses, tous
phares allumés, la pluie ricochant sur le haut
des pavés, les arrivées dantesques au sommet
du Télégraphe, de La Croix-de-Fer, de l'Alpe-
d'Huez, du Puy-de-Dôme, quand l'effort et le
dépassement de soi laissent aux témoins de ces
faits d'armes le sentiment contradictoire de la
grandeur et des fragilités humaines.

Retarder l'instant du crépuscule.

Pendant tout ce temps, j'ai gagné du temps.
Le voici restitué, six journées de paradis et
d'enfer, entre le mardi 22 mai et le dimanche
27 mai 2001, sur la route du *Midi Libre*.

Le souffle du peloton
(Première étape :
Gruissan-Saint-Cyprien, 181 km)

C'était au sommet du dernier col de la journée, mon compteur annonçait cent quarante

kilomètres déjà parcourus. J'étais seul sur la route, on m'encourageait, des gamins, des gendarmes, des vieux plantés là comme s'ils n'avaient pas bougé depuis mille ans, la chaussée accrochait, rugueuse comme la langue d'un chat. Les pancartes indiquaient le sommet, une petite pluie tiède mouillait mes jambes. J'ai basculé dans la descente et là, ils sont arrivés, précédés de motos, de klaxons impérieux. Deux coureurs échappés, deux maillots formant comme un maillon tant ils paraissaient soudés. Je me serais bien glissé dans leur sillage d'or, mais Dieu qu'ils allaient vite, et ce n'était pas là ma place. Le bitume glissait, il fallait être prudent. Derrière, le peloton chassait. Quand il a fondu sur moi, c'était un fil tendu à se rompre, les Bonjour menaient la sarabande, les gars roulaient en file indienne, à plat ventre sur leurs bécanes. Si j'avais été sur une moto, leurs souffles auraient été couverts par le ronron du moteur. Mais à vélo, j'ai entendu ce qu'on n'entend jamais : le peloton respire, et les halètements de ces jeunes coureurs lancés aux trousses des échappés avaient quelque chose d'animal, de sauvage.

Un des deux fuyards a été rattrapé, l'autre — il s'appelle Jérôme Bernard — est allé au bout, il m'a dit après l'arrivée qu'il avait entendu mes encouragements. La meute est venue mourir sur sa roue arrière, il s'en est fallu de peu. Derrière ce peloton sous pression, des coureurs avaient « sauté » et cherchaient en vain à revenir. Parmi eux j'ai reconnu Jimmy Casper. En me dépassant, il m'a invité à sauter dans les roues. J'ai laissé filer sans réagir. C'était prématuré. J'ai pensé : il reste cinq jours de course, on verra si j'ai le jus dans les montagnes. Le matin, Jimmy m'avait demandé de prendre une écharpe pour le moment où le paquet me dépasserait. Une blague de coureur : quand on se fait doubler par un groupe rapide, on dit qu'on se fait « enrhumer ». Aujourd'hui ils m'ont enrhumé, mais pas trop !

La journée a commencé dans la roue de fringants juniors qui m'ont assuré le train, un bon trente à l'heure, à travers le merveilleux paysage des Corbières. Un panneau nous invitait à découvrir le terroir de Durban, et aussitôt mon esprit s'est mis à vagabonder jusqu'en Afrique du Sud, un autre Durban, le visage radieux de Mandela que j'avais découvert un matin près de moi à Johannesburg, peu après sa libération. Mais très vite l'image du héros noir s'est perdue car on commençait à « taper dans le dur », comprenez : attaquer le col d'Extrême, pas très raide mais assez pour titiller les muscles des cuisses et vous rappeler que même les étapes réputées sans difficultés ont leur lot de surprises pentues. René Fallet, un habitué du Grand Prix cycliste du *Midi Libre*, avait eu cette remarque imparable : « Ceux qui font du vélo savent que dans la vie, rien n'est jamais plat. » Je confirme.

Ces jeunes qui m'ouvrent la route ont l'âge que j'avais quand j'ai renoncé à une carrière de coureur cycliste, il y a longtemps. Une nouvelle fois, m'appliquant à rester dans leurs roues, je mesure combien le vélo est une formidable machine à remonter le temps. J'ai dix-sept, dix-huit ans comme eux, je suis pareil à ces vieux profs de fac qui ne savent plus leur âge à force de voir se succéder sur les campus, automne après automne, des étudiants aux traits juvéniles. Je ne suis pas le d'Artagnan vieilli du *Vicomte de Bragelonne* mais un gamin heureux, si heureux de pédaler nez au vent dans un décor en Cinémascope, précédé de motards sécurisant la route. Bien sûr, avec les kilomètres s'accumulant dans les socquettes, cette suite de plaines et de bosses, l'esprit s'altère un peu. On pense moins, on peine plus, la nuque, encore légère il y a cinq minutes, s'alourdit, comme si une main invisible pesait dessus. Les coureurs qui baissent la tête connaissent cette sensation, une force terrible qui veut vous coller à la route, des fois qu'on oublierait la loi de la gravité.

La gravité, justement, n'est pas exempte du voyage. Baptiste, un des juniors qui m'accompagnent, a renoncé, trop mal aux jambes, il avait roulé dur rien que pour me faciliter ces longues heures de « goudron ». Je lui ai dit au revoir à regret. Il était cuit. Allez savoir pourquoi. J'ai songé aux larmes d'Antoine Blondin versées sur Roger Nimier : « L'âge, à sa façon, a eu raison de mes amis qui sont morts dans leur lit, de vieillesse ou de jeunesse, certains dans leurs draps de ferraille atrocement froissés, si tôt, si vite comblés de tant de promesses au regard du souvenir, qu'il me semble aujourd'hui survivre à des enfants. » Quand Baptiste a lâché prise, j'ai eu ce bout de phrase en tête : « Survivre à des enfants. » J'ai pensé encore à Louis Nucera. Je suis sûr qu'il serait venu sur le bord des routes du *Midi Libre* pour être de la fête. Louis aussi, l'âge ne compte pas, était un enfant, il suffisait de lire le sourire sur son visage quand il parlait de René Vietto, le roi René, « tu te rends compte, un ancien groom ».

Au contrôle de ravitaillement, le peloton était encore loin derrière. Les juniors se sont arrêtés, je devais attraper un deuxième groupe après le passage des pros, mais il n'a pas pu passer. J'ai donc dû rouler seul les quatre-vingt-dix bornes restantes, et c'est là que le cinéma mental s'est mis en route. Échappé imaginaire de la première étape du *Midi Libre*, puis largué, seul, « en chasse-patate », comme disent les gars — cela signifie que le paquet vous a largué et que vous tentez de revenir en tête. Le matin, avant

le départ, « mon » directeur sportif, Marc Madiot, m'avait prévenu : « Ne cherche pas à savoir quand la course va te rattraper, ce n'est pas
toi qui décides, c'est le peloton. » Fort de cette
vérité première, j'ai vécu ma vie et connu ce
paradoxe du coureur : quand on est dans le peloton, on rêve de s'en échapper. Lâché, on ne
pense qu'à revenir. Moi, je ne suis jamais revenu. « Repris de justesse », mais irrémédiable-
ment effacé par les pros, léger sentiment de
détresse adouci par l'arrivée qui approchait.

Je n'ai pas parlé de la souffrance, elle saura
bien se rappeler à mon souvenir, dès demain
sans doute. À vélo, elle n'oublie personne. Elle
a montré son visage dans les trois cols de la
journée, mais elle est restée discrète, comme un
chasseur qui attend son heure. Je l'ai bien sen-
tie dans la montée du col de Bataille, elle com-
mence à la racine des chevilles et change
soudain le cœur en pois sauteur du Mexique.
Elle est revenue dans le col de Llauro, juste
avant la fin de mon échappée belle, des spectateurs me criaient : « Plus que cinq cents mètres ! »,
« Plus que trois cents ! » D'autres lançaient :
« Après, ça descend ! » Je buvais leurs paroles.
Cette étape aurait donc une fin ? Pour finir, je
me suis mis dans la peau d'un sprinter, au
hasard Jimmy Casper dans ses grands jours.
Un sprinter qui, deux cents bornes durant, ne
pense qu'aux deux cents derniers mètres, à la

ligne blanche. Je me suis aplati sur le vélo, un
médecin de la course m'a donné deux ampoules de glucose dans un fond de bidon, j'ai se-
coué mes cuisses et empoigné le guidon par les
cornes.

La fête était finie, le cirque était passé, beau
peloton en rêve d'arlequin, pour un peu j'aurais
pu le toucher du doigt. Le ballet des directeurs
sportifs m'avait dépassé, j'avais vu des mains
sortir des portières, des gestes d'encouragement,
des sourires incrédules, puis la caravane pétaradante s'est évanouie. Il fallait songer à rentrer.
Quand j'ai vu les panneaux « Arrivée 10 km »,
je me suis dit que, cette fois, c'était vraiment
commencé, la folle aventure. Et sur la ligne
d'arrivée, quand le vainqueur du jour est venu
me serrer la main, j'ai eu ce sentiment fugace
qu'on était là tous les deux, se tenant par les rêves, lui le vainqueur en jaune, moi lanterne
rouge, un champion et un lampion.

Après ? Après, Madiot m'a ramené aux réali-
tés : tu rentres, tu t'allonges, tu te fais masser.
Si tu veux pas avoir la grosse patte demain, repos. N'oublie pas que tu es d'abord un coureur ! Franck Pineau, un de ses bras droits à la
Française, a insisté : « Si tu t'allonges une heure
chaque jour après la course, au bout d'une semaine tu as gagné l'équivalent d'une nuit. »
Message reçu. Laurent Jalabert, à l'hôtel, m'a
demandé comment s'était passée ma journée.

Pierre, le kiné, m'a réparé les muscles en dou-
ceur. Le docteur Gérard Guillaume m'a donné
des « chinoiseries » (ginseng et gelée royale)
avant de me faire respirer de l'essence de pin
devant un étrange appareil. Tout d'un coup, ce
flux d'air frais m'a transporté quelque part dans
la forêt landaise, réveillant quelques précieuses
images de mon enfance, quand je me prenais
pour Luis Ocaña.

Un coup de « moins bien »
(Deuxième étape :
Saint-Cyprien-Pézenas, 190 km)

J'ai roulé dans le peloton, en plein milieu, la
course avait quitté les plages ratissées par un
grand vent, les Corbières commençaient à faire
le gros dos, je venais de lire sur la route cette
incroyable inscription à la peinture blanche :
« Vas-y Fotto. » J'ai jeté un coup d'œil en arrière
et dans le soleil, à cent mètres, les coureurs roulaient sans excès. « On a rattrapé l'échappé ! »
m'a lancé l'un d'eux en rigolant. Un autre m'a
conseillé de manger et de boire, manger avant
d'avoir faim, boire avant d'avoir soif, sinon,
c'est trop tard. Peu à peu je me suis laissé glisser,
des Italiens m'ont demandé comment allaient
les jambes, m'ont simplement dit bonjour.
Mais le commissaire international, du haut de

sa voiture, m'a prié de ne pas rester trop longtemps.

J'étais comme en simple visite, quelques minutes de peloton et puis s'en va, il faut se laisser apprivoiser par cet animal qui peut d'une
seconde à l'autre passer du calme à la frénésie.
La radio de la course me l'avait annoncé dé-
chaîné dès les lignes droites du bord de mer à
la sortie de Saint-Cyprien. C'est une société pé-
dalante assagie qui est revenue sur moi après la
côte de Treilles, que j'ai laissée s'éloigner à regret car j'aurais pu rester encore un peu, bien
au chaud, les coureurs n'avaient plus l'âme bel-
liqueuse. Mais mieux valait obtempérer aux ordres du commissaire. Je sais déjà que dans les
Cévennes, quand ça montera dur, je pourrai essayer de suivre des petits groupes d'attardés.
J'ai attendu quatre mois. Je peux encore patien-
ter deux jours.

Deux cents bornes à vélo, c'est long, même
avec ces juniors magnifiques qui m'emmenaient
bon train dans leurs roues sous la conduite de
Jacky, leur capitaine de route de l'Union cycliste Perpignan-Roussillon. Ils m'ont protégé,
encouragé, abrité quand le vent décidément
faisait siffler nos bécanes comme des catama-
rans. D'autres juniors les ont relayés après le
contrôle de ravitaillement, on allait quitter
l'Aude pour l'Hérault avant de s'enfoncer dans
les vignes et les tracés courbes du Minervois ;

on allait quitter le soleil pour l'orage qui fendait le ciel d'éclairs menaçants.

« On va passer à travers », m'a crié un jeune coureur. Mais non, c'est lui qui nous est passé à travers, la pluie s'est abattue sur nos jambes, j'ai senti mes muscles se durcir, il restait plus de soixante-dix kilomètres et je me suis dit que, cette fois, j'allais commencer à souffrir. D'abord les épaules, à force d'avoir tiré dans le vent les premières heures de course. Puis les yeux qui se sont mis à brûler quand l'eau du ciel y a précipité la sueur du front. Obligé d'ôter les lunettes, de s'asperger de plus belle avec un bidon pour enlever le sel de l'effort. Les jambes, elles, tournaient, mais la route était glissante, les lignes blanches transformées en savonnettes, d'énormes flaques obstruaient, çà et là, la moitié du bitume.

La route, c'est parfois une déroute. Cela vient sans prévenir. Un revêtement plus rugueux, un faux plat qu'on n'attendait pas, vent debout, moral soudain atteint, il faut relancer, se « lever le cul de la selle », empoigner la bécane pour l'arracher, et l'idée me traverse, fugitive, que Pézenas est encore loin, que j'ai maintenant l'impression de recevoir des coups d'épingle dans le dos, c'est toujours traître, les coups dans le dos. Quand on a un « coup de moins bien » — ainsi parlent les « cyclards » —, il faut s'accrocher à la moindre occasion de reprendre

du moral. Par exemple, je concentre mon regard sur ma roue avant : voir le goudron défiler
en accéléré procure une sensation de soulagement. On est planté, mais on avance quand
même. C'est aussi dans ces instants critiques
où la tête semble vouloir moins que les jambes
que je me raconte des histoires. Drôles, de préférence. Juste avant que le peloton me rattrape,
dans la montée de la Treille, j'ai pensé au mot
de Blondin, un de plus, dont se gargarisent
tous les suiveurs de pelotons. Un soir d'après
boire, bien après l'arrivée des coureurs, l'auteur
de *Monsieur Jadis* rencontre un de ses confrè-
res, Émile Toulouse. « Mon bon Émile, tu as
quel âge maintenant ? — Cinquante-neuf ans »,
répond le chroniqueur. Blondin réfléchit un
instant. « Moi, soixante et un. Eh ben, tu sais
pas, je vais t'attendre. » Une histoire de cette
eau me tient bien quelques bornes. Après, il
faut trouver autre chose, un bout de chanson
— à condition de ne pas essayer de la fredonner
sous peine d'étouffer.

Étouffer, c'était bien le danger dans la première partie de l'étape. On avait beau m'exhor-
ter à manger, pas grand-chose ne passait. Il
faisait trop chaud. Seule l'eau colorée d'un
fond de sirop passait bien. Et les ampoules de
glucose que le médecin de la course m'a versées
dans un bidon en me lançant : « Faites comme
les coureurs quand je leur prépare un truc,

accrochez-vous à la voiture ! » Les pros savent
qu'il faut beaucoup s'alimenter dans les premières heures de course. Sinon, c'est sous la
douche qu'on digère ses barres de céréales !
Mais quand la chaleur s'en mêle, on ne pense
qu'à boire. Quand ma voiture suiveuse a été re-
tenue à l'arrière de la course, le directeur sportif de l'équipe Bonjour, Jean-René Bernaudeau,
m'a proposé un bidon, et après lui son collègue
de la Lampre. J'ai fini par accepter. Pour « sé-
cher » un coureur, rien de tel que le laisser cinquante bornes sans une goutte d'eau. C'est ce
qui m'est arrivé un peu avant la mi-course, et
sans ces mains amies j'aurais pédalé carré un
bon moment. Seul me rafraîchissait le passage
de petits ponts enjambant des rivières vivaces.
Là, un air frais venu du sol semblait comme par
miracle éteindre l'emprise du soleil.

Mais pour quelques instants critiques, combien de moments magiques ! La traversée des
villages dans le vrombissement des motos, l'ascension de côtes même modestes où le public,
en connaisseur des choses du vélo, s'est posté
pour applaudir ou communiquer un écart. Dans
le regard de ces gens, toujours cette même joie
enfantine à voir passer des coureurs, quel que
soit leur rang, on acclame autant les derniers
que les cracks. Souvent je me demande : depuis
combien de temps sont-ils là ? J'ai pensé à ce
dialogue dans *Le Fabuleux Destin d'Amélie Pou-*

lain : « L'amour c'est comme le Tour de France : on l'attend longtemps et il passe vite. » Je crois que les spectateurs accourus sur les routes du *Midi Libre* trouvent au passage du peloton quelque chose d'indéfinissable qui appartient à l'enfance. C'est aussi un moment d'émotion que les mots restent impuissants à cerner.

Quelques jours avant la course, j'ai parlé de vélo avec la romancière Alice Ferney. « Mon mari m'avait dit qu'il y avait quelque chose d'extraordinaire dans le cyclisme. J'ai voulu voir. Une année, le Tour est passé à Hossegor, dans les Landes. Je suis allée le voir. Je ne peux pas dire pourquoi, mais quand le peloton est passé devant moi, je me suis mise à pleurer. » Dans les années d'après-guerre, mes grands-parents allaient dans les cols des Pyrénées pour assister au passage de la Grande Boucle. Quand arrivait Fausto Coppi, Claire, ma grand-mère, ne pouvait réprimer ses larmes. Était-ce le teint livide du « Campionissimo », ses joues creusées, ce regard de souffrance ?

Le visage d'un cycliste est en général plus lisible que son maillot. Quand il a mal, ça se voit. Ces gens sur la route nous scrutent, ils luttent avec nous, battent des mains pour que tournent nos jambes. Hier encore, on me disait comme en confidence : « Ça y est, tu es presque en haut, encore cent mètres et après ça descend ! » Ces moments éphémères de com-

munion, de complicité avec des inconnus, valent
les souffrances endurées. Plus les jours vont
passer, plus la foule se fera compacte et pres-
sante dans l'ascension des cols. J'y ai pensé
dans les derniers kilomètres, quand on descen-
dait vers Pézenas à près de quarante-cinq kilomètres à l'heure. À l'arrivée, j'ai « dessoudé »
mes pieds des pédales automatiques, ôté mes
souliers de cycliste et marché pieds nus sur la
route. Le goudron était tiède. Je tenais mes godasses à la main, comme Bahamontes dans un
Tour perdu, qu'il abandonna, épuisé, signifiant
bien par ce geste qu'il ne remonterait pas sur
son vélo. Moi, j'espère bien remonter dès jeudi
pour l'épreuve du « chrono », dix-neuf kilomètres à travers les rues de Montpellier, près du
stade de la Mosson. Marc Madiot m'a promis
un casque profilé.

L'air était doux à Pézenas, l'orage évaporé. Je
serais bien resté un moment avec des gens d'ici
pour qu'ils me parlent des enfants du pays,
Boby Lapointe, le fils du marchand de four-
rage, mathématicien émérite qui trouva sa voie
dans l'avanie et la framboise. Et Molière qui
devint ici, avec son « Illustre Théâtre », comédien de Son Altesse sérénissime le prince de
Conti. Malgré tous les courants d'air de la journée, je n'ai pas oublié le mot de Pagnol : si Jean-
Baptiste Poquelin est né à Paris, « c'est à Pézenas
que naquit Molière ». Sur la route des Corbières,

à Fabrezan, j'ai laissé derrière moi la figure de Charles Cros, scientifique, poète, inventeur de la photographie couleur, et auteur d'un texte hilarant où il est question d'un « hareng saur ».

Mais, la ligne juste franchie, on m'a fait asseoir dans la voiture. Des mains ont rangé mon vélo, d'autres m'ont tendu à boire. « N'oublie pas que tu es d'abord coureur », m'a encore seriné Madiot. Et un coureur, après la course, il ne doit plus s'occuper de rien, filer au massage, rester allongé le plus possible. C'est ce que j'ai fait. Patrick Gagnier, avec qui j'ai couru dans le temps, m'a remis les muscles et les épaules en place. Il a repéré un coup de soleil sur ma nuque. « Fais attention, si tu brûles, tu vas souffrir. » Le docteur Guillaume a soigné deux bobos mal placés « à la selle ». Je m'en remets à Don Quichotte : « Et il poursuivit sa route qui n'était autre que celle que voulait sa monture. Car il était persuadé qu'en cela consistait l'essence des aventures. »

Un air de lutin
(Troisième étape : contre la montre,
à Montpellier, stade de la Mosson, 19 km)

À 13 heures, le jeudi 24 mai, je me suis présenté sur la rampe de lancement coiffé d'un casque profilé, la chaîne sur le grand plateau, aux ordres du chronométreur pour une épreuve de dix-neuf kilomètres à travers les rues de Montpellier. Le vent soufflait, un commissaire tenait mon vélo par la selle, un autre égrenait le temps à mon oreille. Départ une minute, départ trente secondes, départ dix secondes, cinq, quatre, trois, deux, un. Le vélo a dévalé la pente inclinée, j'ai appuyé sur les pédales, des motos devant, des motos à côté, une auto derrière pour ce défi impossible du coureur cycliste : pédaler contre le temps, pédaler contre soi, n'avoir d'autre adversaire que son ombre si le soleil nous la jette dans les rayons, que les rafales de « zef » ; se faire mal sans rien d'autre à rattraper que la fuite des secondes, funambule entre les aiguilles de la montre. Parti sans dossard, j'ai quand même roulé pour aller vite, sans forcer trop, les montagnes m'attendent dès vendredi et, derrière chacune, un couple maudit, « l'homme au marteau » et « la sorcière aux dents vertes », personnages mythiques du cyclisme qui annoncent la défaillance, parfois les larmes, toujours la peine. Alors j'ai pédalé souple, gardant constamment l'impression d'avoir un coussin d'air entre le pied et la pédale automatique, un moignon de métal, qui me tient soudé à la bécane. « En garder » toujours, ne pas rentrer « dedans », d'accord, mais il fallait jouer le jeu. Un contre-la-montre ne se dispute pas les mains en haut du guidon.

Le rêve se poursuit. La route était large et roulante, balayée de gros courants d'air qui m'obligeaient à m'aplatir sur le vélo. Un mot cruel m'est venu pendant que je prenais cette position : ne te fais pas si petit, tu n'es pas si grand. J'ai braqué mes yeux sur le compteur, il fallait garder du cœur et du souffle pour les cinq derniers kilomètres. Le cœur et le souffle, ce sont bien les deux atouts du vrai coureur. Pour réussir un « chrono », il faut un moteur et du coffre, être à la fois arbre à came et sarbacane. Blondin, toujours lui, faisait remarquer que, face à la montre, les coureurs n'étaient jamais en retard mais que quelques-uns, les plus grands — sans doute pensait-il à Anquetil —, étaient en avance… La montre a enfanté une aristocratie du cyclisme, des noms plus ou moins connus du grand public, Hugo Koblet, Roger Rivière, Gérard Saint, des hommes pressés, au destin tragique, comme s'ils avaient senti que le temps, justement, leur serait compté, et qu'ils devaient aller vite pour s'assurer qu'ils avaient vécu. Dire que je pense à eux pendant que je fonce vers le carrefour des Alizés serait mentir. C'est pire que ça, ou plus fou encore : pendant ces kilomètres que je vois défiler sur mon compteur, dans cette position du rouleur clandestin cherchant à franchir les frontières du temps, je suis « maître Jacques » (« un réacteur, un alambic et une machine IBM », avait dit l'ancien champion Raphaël Geminiani à propos d'Anquetil). Je suis tour à tour Merckx et Hinault, le roi Miguel et aussi, encore, l'ombre du coureur que j'étais à quinze ans.

Rouler contre la montre, c'est prendre le rythme d'un métronome réglé sur *allegrissimo*. La règle des pros, c'est à fond tout le temps, et accélérer sur la fin. Ceux qui disputent l'étape pour la gagne ne se ménagent pas, et ils paieront sans doute cet effort intense dans les prochains jours. Les autres, ceux qui ne se mettent pas « à bloc », garderont tout de même les traces de cette courte journée, car se propulser de plus de dix mètres à chaque coup de pédale suffit pour vous mettre les muscles en scoubidou. Le plus dur, contre la montre, c'est de se motiver, ensuite de respirer, si on a décidé de « faire un temps ». À vélo, ce n'est pas toujours le plus fort qui gagne. C'est celui qui en veut le plus. Le chrono est le lieu idéal pour éprouver cette sensation qui ressemble à la rage. Quand on sent soudain l'acide lactique monter le long des cuisses, dans une relance au sortir d'une courbe, quand le cœur saute à plus de cent quatre-vingts pulsations/minute (on peut lire ce chiffre instantanément sur l'écran d'une montre fixée au guidon), deux solutions : lever un peu le pied pour ramener le moteur au-dessous d'un seuil d'intensité trop élevé. C'est la défaite. Ou s'accrocher, serrer les dents, ou plutôt

ouvrir grand la bouche, aller chercher l'oxygène
au fond de l'air, se remettre bien en ligne sur le
vélo, fermer un peu les yeux, je ne blague pas,
les fermer juste un dixième de seconde, comme
une respiration mentale, une façon d'échapper
à la douleur ou de lui faire face en faisant mine
de ne pas la voir.

J'ai roulé trente et une minutes pour parcourir le circuit. À la flamme rouge, j'ai « vissé »
(en langage de piéton : accéléré). Formidable
sensation de vitesse, le compteur généreux me
délivrant sur le final un beau quarante-quatre
kilomètres à l'heure (il est vrai que la ligne
droite d'arrivée était très roulante). J'ai échangé
quelques mots avec Pascal Chanteur de chez
Festina, le crâne tout rasé. J'étais heureux de
le revoir : c'est lui, la veille, au moment de la
jonction avec le peloton, qui m'avait gentiment
conseillé de manger et de boire. J'ai pu aussi
avoir une conversation détendue avec Mirco
Monti, le commissaire de la course envoyé par
l'Union cycliste internationale. C'est d'accord,
je pourrai m'accrocher aux pros lâchés dans les
cols si je suis en mesure de suivre un gruppetto,
ces petits paquets de coureurs qui se forment à
l'arrière, pédalant juste assez pour terminer
dans les délais.

À peine descendu de vélo, derrière le camion
de La Française des jeux, Stéphane, un des kinés, m'a frictionné jambes et bras avec un pro-

duit frais. Pendant que Thomas Bodo et
Emmanuel Magnien s'échauffaient sur des rou-
leaux, faisant vrombir les roues lenticulaires,
j'ai rejoint l'hôtel pour reprendre ma vie de
coureur, avec à l'esprit la fameuse phrase de
Fausto Coppi : « Les grandes courses se gagnent
au lit. » Pas question de gagner ici, mais d'aller
au bout. Le massage a duré plus longtemps que
les autres jours. Pierre, l'autre kiné, a trouvé
mes muscles plus durs. Il y est allé doucement,
surtout vers le haut des cuisses, là où on dirait
que la chair s'est ratatinée pour ne laisser place
qu'aux os. Écrivant cela, je me souviens de ce
mot du coureur Ville, compagnon d'abandon
des frères Pélissier dans le Tour 1924, sous l'œil
et sous la plume du célèbre Albert Londres :
« J'ai les rotules en os de mort », s'était plaint le
« forçat de la route ».

Je n'en suis pas encore là, mais j'écoute les
conseils de Franck Pineau, directeur sportif ad-
joint de la Française, qui est venu me retrouver
dans ma chambre. Il me rappelle les trois règles
du coureur : s'entraîner, manger, dormir. « Si tu
manges pas ce soir, tu finis pas demain », m'a-
t-il lancé. Je frémis un peu, d'autant que s'annonce la plus longue étape du *Midi Libre*, deux
cent dix bornes à travers les Cévennes, deux
cols sévères, le soleil, peut-être d'autres orages,
la course va sans doute se jouer en partie là.
Des organismes vont commencer à se dérégler,

les pattes tourner moins vite à la pédale. « Tu vas entrer dans ton six centième kilomètre, continue Franck Pineau. Tu vas taper dans tes réserves. Demain, tu manges à 6 h du matin, pâtes, riz, sucres lents. Et sur la bécane, je veux te voir grignoter tous les quarts d'heure, et picoler : au moins six bidons, tu bois, tu bois, même si tu dois t'arrêter pour pisser juste après. »

J'ai interrompu Franck. Je lui demande de me raconter une histoire, son incroyable, superbe histoire. En 1986, il a remporté une étape du *Midi Libre* après cent quarante kilomètres d'échappée devant le peloton mené par Miguel Indurain. La veille au soir, il avait appris que son équipe mettait la clé sous la porte. Dans quelques heures, ce jeune pro ne serait plus coureur mais chômeur. Il a passé la nuit à retourner ça dans sa tête et, le lendemain, il s'est fait la belle. Après son exploit, le directeur sportif d'Indurain l'a embauché aux côtés de « Miguel ». « Je suis resté dix ans dans le peloton professionnel. » Une échappée au long cours. Il avait signé un contrat sans le lire, sans connaître la paie (qui se révéla correcte). L'important pour lui, c'était de rester dans la famille du vélo. Je ne me lasse pas de cette histoire que Franck m'avait déjà racontée l'hiver dernier, quand je rêvais de remonter en selle. J'y pense encore pendant qu'il me donne les ultimes consignes.

Un des coureurs de la Française, Bradley Mac

Gee, a terminé deuxième du chrono. Je regarde un gros plan de son visage pendant l'effort, les yeux mi-clos, un filet de coton imbibé d'essences végétales collé à ses narines. Tout à l'heure, au dîner, il était silencieux. Il sait déjà que demain la déflagration musculaire qu'il s'est imposée lui fera encore mal dans les bosses, surtout si ça castagne pour le maillot de leader, et ça va forcément castagner puisque la montagne est là.

Mes soucis sont moins glorieux. Mes blessures à la selle se sont un peu aggravées, même si la plaie n'est pas infectée. « Je vais soigner la fesse du *Monde* », se moque le docteur Gérard Guillaume. Je lui ai demandé, un peu inquiet, si tout cela risquait de dégénérer au point de me contraindre à l'abandon. Il a senti mon inquiétude. « Non. C'est juste la première peau. Mais c'est clair que, demain, il faudra que tu fasses un peu de danseuse. » De toute façon, les cols m'y contraindront. Il n'empêche : la perspective de passer sept heures sur ma bécane sans pouvoir bien m'asseoir me contrarie. Cela fait partie des « petits bobos » des coureurs, comme les piqûres de guêpe (l'une m'a piqué à l'oreille, dans l'étape de Saint-Cyprien, mais un médecin m'a vite passé une pommade en roulant, comme dans le Tour). Quand j'étais cadet, je saupoudrais de talc la peau de chamois de mon cuissard. J'aurais dû y penser. Ne pas oublier de le faire avant le départ pour le pont du Gard. Pareil pour la plante des pieds qui risque de brûler après toutes ces heures à appuyer. Je dresse l'inventaire de mes ultimes besoins avant d'entrer dans la phase finale de l'épreuve. Une image me revient avant d'éteindre la lumière : cet après-midi, pendant le contre-la-montre, ma silhouette décalquée sur la route m'était étrangère. Avec ce casque profilé, je ressemblais à un lutin.

« J'ai roulé dans le gruppetto ! »
(Quatrième étape :
le pont du Gard-Laissac, 209 km)

J'en rêvais depuis des mois. C'est arrivé le lendemain sur les routes des Cévennes, entre le pont du Gard et Laissac, à trente bornes de l'arrivée, quand un petit peloton d'attardés, le gruppetto, m'a rejoint dans un faux plat. La tête de la course était passée depuis quelques minutes, je luttais seul contre un vent violent et de face. Les suiveurs me l'avaient crié par les fenêtres des voitures, au milieu d'un concert de klaxons : il restait un groupe de coureurs derrière, mais il roulait vite. Je me suis relevé un peu, j'ai tourné les jambes sur un petit développement pour retrouver du jus. J'avais le choix soit de rentrer seul jusqu'à la ligne au risque de me dessécher contre les rafales, soit de gicler dans les roues des gars pour finir avec eux. J'ai opté pour ce retour en express à bord du gruppetto, encouragé par Jimmy Casper, qui m'a planqué derrière lui jusqu'à Laissac, terminus de la plus longue étape de ce *Midi Libre*, deux cent dix kilomètres sur des routes au goudron qui accrochent comme du scratch.

Dans le gruppetto, la loi n'est pas exactement celle du peloton, où la bagarre peut éclater à tout moment. Ici, on est entre coureurs distancés qui pédalent ensemble pour une seule et même cause : rentrer dans les délais afin de ne pas risquer l'élimination. On se passe les relais sans faire de « bordure » (c'est-à-dire mettre les autres dans le vent), on se donne à boire ou à manger quand les poches dorsales ou les bidons sont vides, les bagnoles des directeurs sportifs loin derrière. Le gruppetto, c'est la trêve des braves, les hostilités sont remises à plus tard. Quand j'ai vu l'état des coureurs, j'ai deviné sans peine qu'ils avaient souffert dans les deux grands cols de la journée, le Jalcreste et le Cabrunas. Les gruppettos rejettent souvent à l'arrière les allergiques à la montagne. C'est pourquoi, sur ce radeau de *La Méduse*, on monte au train pour ne lâcher personne, mais on se met à bloc dans les descentes et sur le plat, partout où il est possible de rattraper un peu du retard concédé dans les bosses.

La majorité des coureurs m'a fait bon accueil. L'un d'eux m'a demandé s'il me restait de la flotte. Un autre m'a dit que je méritais le dossard rouge du plus combatif. J'étais presque aux anges, soudain léger comme un néophyte lancé dans sa première échappée. Mais il a fallu batailler. D'abord, un concurrent de l'équipe Telekom m'a écarté sur le côté de la chaussée. Ce geste voulait dire : pousse-toi de là. Puis un autre m'a demandé : « *Do you speak english ?* » J'ai répondu : « *Yes.* » Alors il a crié : « *What happens if you crash me ?* » J'avais imaginé bien des manières de terminer une étape en compagnie des pros. Je n'avais jamais songé qu'on pût s'adresser à moi en anglais ni me demander, après deux cents bornes de course, de m'exprimer dans la langue de Shakespeare. J'ai assuré au coureur, en version originale, que je ne le ferais pas tomber. Il n'a rien répondu, mais, quelques minutes plus tard, le commissaire à moto m'a prié en s'excusant de me laisser glisser en queue de paquet. J'ai obéi, ça roulait à cinquante sur une route enfin plate. J'ai prévenu Casper : « Je dois rouler derrière. Je vais sauter ! » Jimmy s'est retourné. « Si c'est ça, on va faire dernier et avant-dernier », m'a-t-il lancé. Il s'est laissé décrocher pour m'abriter dans sa roue, amortir les à-coups. Je tirais la langue pour suivre, mais on venait de passer le panneau des dix kilomètres, il fallait tenir. J'ai bien

cru lâcher quand la route s'est élevée une dernière fois. Jimmy s'est porté à ma hauteur et
m'a poussé pour me remettre dans les roues.
« Reste là », m'a-t-il conseillé en m'indiquant le
sillage d'un membre du gruppetto. « C'est Erik
Dekker, triple vainqueur d'étape dans le Tour. »
Je ne saurais dire l'effet de ces paroles. Soudain
c'était arrivé : je roulais dans le sillage des pros,
le gruppetto m'amenait à l'arrivée, j'en faisais
partie. J'étais pour de bon dans la course, aussi
subjugué que Mia Farrow dans *La Rose pourpre
du Caire* lorsqu'un personnage du film, au cinéma, lui demande de quitter son fauteuil pour
entrer dans l'histoire.

Ce que j'ai vu, je ne l'oublierai jamais : l'incroyable trajectoire des coureurs. Sur leur vélo,
ils ne bougent pas, ne font aucun écart — à la
différence des amateurs du dimanche. Même lâchés, ils roulent vite et fort, bien en ligne, régulier. Les petites côtes, ils les passent comme si
c'était du plat. Suivant à la lettre les consignes
des directeurs sportifs de La Française des jeux
(elles se résument en un mot : « mange ! »), j'avais
attrapé une barre de céréales quand on s'est pré-
sentés au pied d'un raidillon. J'ai tout recraché
car l'allure venait de s'accélérer ; ou plutôt, im-
perceptiblement, les coureurs avaient maintenu
le rythme sans se soucier de la pente. J'ai vu
Jimmy Casper débloquer soudain son pied droit
de la pédale et venir le poser en arrière sur sa

selle pour étirer ses muscles. Cette scène n'a
duré qu'une seconde mais je suis resté ébahi. On
roulait vite et Jimmy faisait l'acrobate.

À la flamme rouge, j'ai compris que j'irais au
bout. On a passé la ligne en se tenant la main,
Jimmy et moi. Quelqu'un a dit : c'est pas souvent qu'on verra Casper pousser quelqu'un
dans une bosse ! Les rires ont fusé. C'est vrai
que Casper n'est pas un grimpeur, mais un
sprinter, un « serial sprinter » même, puisqu'il
lui est arrivé de battre quatre fois de suite Erik
Zabel au Tour d'Allemagne. Sur la ligne d'arrivée, c'est Bradley Mac Gee qui m'a accueilli
avec, à la main, le bouquet du vainqueur.
Deuxième la veille au chrono, il venait de rem-
porter l'étape « en costaud ». Marc Madiot et sa
bande avaient passé une bonne journée. Le soir,
à l'hôtel, il a offert le champagne à toutes les
équipes. Jimmy s'est levé pour un petit speech
inattendu qui disait en gros : Éric en a telle-
ment bavé sur mon vélo que maintenant il ne
peut appartenir à personne d'autre qu'à lui.
Émotion et embrassades, et un vélo de rêve
tagué au nom de Jimmy Casper sur la barre
transversale. Je n'y mettrais le mien pour rien
au monde !

Après un effort si violent sur la fin de l'étape,
je sais que je me suis mis « dans le rouge ». Je
risque de « prendre un éclat » dans la montée
vers Mende, où la pente avoisine les 15 % pen-

dant trois kilomètres. Je cours le risque. Il
fallait vivre l'instant présent. Ce 25 mai que
j'appréhendais depuis janvier, lorsque Jean-
Pierre Gugliermotte, l'organisateur du Grand
Prix, m'avait dévoilé le parcours, ce 25 mai res-
tera à mes yeux comme le jour où je suis vraiment devenu un coureur cycliste.

Avant que la fatigue me cloue les yeux, je me
dépêche de jeter pêle-mêle toutes les autres impressions qui m'ont habité, les paroles de spectateurs saisies au vol : « Qui c'est celui-là, c'est
l'échappé ? — Mais nong (le *g* final est indis-
pensable), c'est le journaliss. » J'ai vu des petites vieilles assises sur leur pliant, à l'ombre,
Midi Libre sur les genoux, applaudissant au
passage des coureurs, des enfants des écoles
agitant des drapeaux en lançant des cris. Un
cameraman de Stade 2 m'avait posé un micro
HF sur le maillot, qu'il a fallu recharger avec
une pile. Comme je m'arrêtais, un gendarme
s'est demandé si j'étais accidenté. J'ai simplement répondu qu'on me changeait mes piles,
que j'étais le seul cycliste qui marchait avec des
piles. Quand la caravane m'a dépassé, j'ai entendu une voix grave : « Tu es bien aujourd'hui,
tu n'as jamais été aussi bien ! » C'était Raphaël
Geminiani, « le Grand Fusil », l'ancien équipier
de Bobet, l'ancien patron d'Anquetil, l'ancien
copain de Fausto Coppi. « Gem » qui m'encourageait, j'étais en pleine *Rose pourpre du Caire*.

Dans cette traversée sublime des Cévennes, j'ai aperçu un panneau « Espace Stevenson ». L'auteur de *L'Île au trésor* avait jadis entrepris un voyage dans la région avec un âne, plus exactement une ânesse nommée Modestine. Je crois qu'elle lui en fit voir de toutes les couleurs et se montra en maintes occasions récalcitrante. J'espère que mon vélo, lui, ne jouera pas les Modestines dans les cols qui me guettent. Les routes des Cévennes, en tout cas, semblent avoir gardé l'allure chaloupée de l'animal. Mes bras, mes épaules, mes cuisses n'ont pas arrêté de vibrer sur ces routes superbes mais gondolées comme le dos d'un âne qui dodeline.

Ce soir, des mains expertes ont dû se pencher près d'une heure sur mon corps de cycliste perclus. Le docteur Guillaume m'a fait craquer le cou, remis des vertèbres en place avant de lancer sa machine bleue qui diffuse de l'essence de pin. Pour m'aider à trouver le sommeil, il m'a aussi donné des gélules de coquelicot. Le matin, au départ, on m'avait talqué la plante des pieds pour éviter l'échauffement dans les godasses rigides de cycliste. Je me demande avec un petit pincement ce que je ferai de tous ces savoirs, de tous ces souvenirs, quand je ne serai plus coureur, c'est-à-dire la semaine prochaine.

Les meilleurs, je les ai gardés pour la fin. Les petits gars du club de Nîmes qui m'ont tiré dans le vent du pont du Gard au sommet du premier col et même plus loin, vers Florac, à hauteur du « ravito ». Ils s'appelaient Roland, Nicolas, étaient marins sur le *Clemenceau* ou étudiants en physique-chimie, mais ils étaient surtout fous de vélo, généreux dans l'effort, mettant un point d'honneur à s'offrir en « boucliers humains » face à ce vent terrible. Après, ce furent les juniors du mont Aigoual qui me transportèrent jusque sur les hauteurs de Sainte-Énimie. Sans eux, les méchants lacets du début m'auraient plus encore cisaillé les pattes. C'est une leçon du vélo, on pédale seul, mais on n'est rien sans les autres.

À l'arrivée, j'ai eu une pensée pour un brave homme au physique de Jean Gabin dans *L'Année sainte*. Il s'appelle Pierre Morphyre et pilote un derny sur l'anneau de la Cipale de Vincennes. Derrière sa machine pétaradante ont tourné Coppi, Bobet, Poulidor. Deux semaines avant le *Midi Libre*, il m'a offert deux séances dans son sillage, pour me donner du rythme, de la « vista », disent les pros. Je me souviens que ça m'a fait mal, j'avais les grosses cuisses, après. Sans ces deux entraînements « à la dure », je n'aurais sans doute pas pu suivre Jimmy dans le gruppetto. Merci, monsieur Morphyre.

Pleurs à Mende, fleurs à Sète
(Cinquième étape :
Rignac-Mende, 188 km. Sixième étape :
Florac-Sète, 208 km)

Il n'y a pas de grand champion sans grand
chagrin. Je ne sais pas à qui j'ai volé cette
phrase, mais elle m'est venue sur la route sur-
chauffée entre Rignac et Mende, le samedi
26 mai, quand un coureur lâché, Bradley Mac
Gee, est revenu à ma hauteur. Le gros du peloton était passé. Jalabert m'avait invité à les suivre, mais, vraiment, ils allaient trop vite, il
faisait trop chaud, j'avais trop mal, et il restait
plusieurs « talus » à grimper avant l'effrayante
arrivée de Mende. Est-ce un spectateur sur le
bord de la route ou un directeur sportif dans
une auto ? J'ai été prévenu que derrière, pas
loin, un coureur de La Française des jeux était à
la dérive. C'était Brad, le vainqueur de la veille à
Laissac. Brad, l'ancien champion du monde de
poursuite, un magnifique coureur venu d'Aus-
tralie. Quand il est revenu sur moi, j'ai vu qu'il
pleurait. Je l'ai réconforté, je lui ai dit qu'il était
jeune, qu'il avait déjà remporté une superbe
victoire. Cela m'avait d'autant plus touché qu'il
était venu me relever sur la ligne d'arrivée à
Laissac, après ma folle pédalée avec le gruppetto. Je lui ai proposé à manger, des pâtes de

fruits, des barres de céréales, il ne voulait rien.
« Quel drôle de sport, a-t-il fini par lâcher. J'étais
en tête, j'avais attaqué, j'étais dans l'échappée, et
je me retrouve derrière ! »

Même « en croustille » (synonyme : défaillant),
Brad pédalait à trente-cinq à l'heure, sans à-
coups, droit sur son vélo, me coupant géné-
reusement le vent. Je l'entendais de temps à
autre se reprocher d'être ainsi largué. Il se-
couait la tête de droite à gauche en marmon-
nant. Un coureur de Bonjour nous a rejoints.
Brad a pris la roue un moment, et moi dans
son sillage. Mais il a « sauté » dès la première
bosse, et on s'est retrouvés une fois de plus
tous les deux à cavaler sur l'Aubrac. Derrière,
on nous annonçait un groupe d'une dizaine de
coureurs. Bradley a réussi à l'accrocher. Il restait soixante-dix kilomètres avant Mende. J'ai
laissé filer. Le dur, l'inhumain, restait à venir.
Tout au long du parcours, j'ai grimpé les cols
et les côtes tel un automate. Je grimpais à la volonté, avec les grosses cuisses gorgées des fati-
gues des jours précédents. Les coureurs disent :
pédaler avec les oreilles.

Dans une montée, une auto s'est portée à ma
hauteur. « Alors, môme, t'as la socquette légère
aujourd'hui ? » C'était Raphaël Geminiani. Les
juniors qui m'accompagnaient sont restés inter-
loqués. Gem, une légende du vélo. « Monte en
souplesse. Tu vas avoir besoin de tes forces

jusqu'au bout », m'a lancé le « Grand Fusil ».
Je le savais déjà. Ce rendez-vous de Mende, je
l'attendais depuis avril, lorsque j'étais venu
reconnaître le parcours : j'avais commencé
sous la pluie, grimpé vers Laguiole sous la grêle
avant d'attraper la neige vers la station de ski.
Il faisait 1 degré ; à La Croix-Neuve de Mende,
j'avais dû mettre pied à terre au bout de mille
huit cents mètres d'ascension. Depuis, j'y
pensais tous les jours et parfois, la nuit, j'en
rêvais.

Il arrive des moments où le cyclisme cesse
d'être un sport pour devenir une épreuve, si
pénible qu'elle fait appel à des facultés physi-
ques et mentales insoupçonnées. L'adversaire
n'a plus de visage, c'est la route qui s'élève vers
le ciel, si fort, si brutalement, que la seule vue
de ce tracé vous ôte les dernières forces qui
vous restent et installe, de la plante des pieds
jusqu'à la racine des cheveux, un sentiment de
peur. Dès Marvejols, le danger se précisait. J'ai
grimpé la terrible côte de Chabrits à mon train.
Mon copain José-Alain Fralon, grand reporter
au *Monde* rebaptisé sur la course « reporteur
d'eau », tant il met de sérieux à préparer mes
bidons, essayait en vain de me faire manger :
plus rien ne passait. Dans la vertigineuse descente sur Mende, j'ai vu le clocher de la cathé-
drale. Je savais qu'ici commençait le calvaire
de La Croix-Neuve, ce col hors catégorie vers

lequel je pédalais comme un animal avance vers l'abattoir.

Difficile de décrire les sensations éprouvées sans paraître exagérer. Parler de supplice serait déplacé dès lors que, cette épreuve, je l'ai voulue. Mais le public massé dans la montée de Mende n'a pu que partager cette souffrance qui se lisait sur les visages des coureurs — et sans doute sur le mien — tant la pente était raide, incroyable, brutale comme un enchaînement de coups de poing sur un ring. Dès que la route s'est cabrée, j'ai passé « tout à gauche », c'est-à-dire le braquet le plus petit (39 × 27 pour les connaisseurs, un développement de 3 mètres et des poussières). Il me fallait bien 27 dents au pignon arrière pour mordre l'obstacle. Tout au long de la montée, je n'ai jamais regardé à plus de dix mètres devant moi. La plupart du temps, je gardais mes yeux rivés sur le devant de ma roue, écoutant les encouragements du public : « Allez, encore deux kilomètres, bientôt c'est moins dur, tu vas y arriver, allez ! » Les voix se faisaient écho. Un embouteillage s'était formé dans la descente. Les voitures des directeurs sportifs redescendant vers Mende, les mobil-homes, les camions des mécanos, composaient une longue chenille immobile.

C'est ainsi que des dizaines de coureurs sont sortis des véhicules pour me soutenir de la voix. Jimmy Casper, quand il m'a aperçu, m'a même

fait profiter de la première « poussette » de ma
vie en montagne. L'effet immédiat est agréable.
Mais, après, j'ai eu l'impression d'être encore
plus collé à la route. Un coureur de l'équipe
Cofidis m'a tendu un bidon d'eau. Je n'avais
pas la force de lâcher mon guidon pour l'attraper. Je lui ai fait signe de m'arroser. Ce jet frais
à moins de deux bornes du sommet m'a donné
un petit coup de fouet, très léger. Une phrase
de Paul Morand m'a traversé l'esprit je ne sais
pas comment : « J'ai peu de cœur, mais ce peu
est en acier. » On m'encourageait partout. Les
motards de presse montés à hauteur de mon
guidon, les spectateurs, les juniors de Mende
qui grimpaient avec moi. Ça faisait un bruit as-
sourdissant. Il y avait de l'électricité dans l'air,
de l'émotion, du drame.

Ces gens qui battaient des mains et s'égo-
sillaient devaient bien lire sur mes traits que
j'étais au bord de l'abandon. « Plus qu'un kilomètre ! » a crié une voix. J'étais au bout de mes
forces, du moins je le croyais. Je me suis dit :
j'arrête, je descends de vélo. La pente était de-
venue si raide que je zigzaguais sur la chaussée.
Un combat intérieur se livrait entre mes pen-
sées, comme dans les albums d'Hergé où Milou
voit se présenter l'ange et le diable. Le diable
me soufflait : « Mets donc pied à terre, tu as déjà
fait assez d'efforts, à quoi bon te tuer à grimper
là-haut ? » Et l'ange me ramenait à la raison : « Si

tu descends de vélo, tu ne pourras plus repartir. Et tu regretteras toute ta vie de n'avoir pas vaincu ta peur de La Croix-Neuve. » Quand j'ai lu le panneau « sommet 500 mètres », j'ai senti les larmes monter, j'ai repensé à Bradley, je me suis dressé encore et encore sur les pédales, au loin, encore trop loin, flottait la banderole d'arrivée. À mesure que j'approchais se précisaient des visages amis, une ligne blanche, la voiture qui m'attendait, dans laquelle je pourrais allonger mes jambes. Un léger étourdissement, je me suis retrouvé soudain sans mon vélo, décroché comme un pendu. C'était fini.

D'anciens champions, Bernard Thévenet, Luc Leblanc, sont venus me réconforter pendant que le speaker de la course déclenchait au micro une ovation du public. Cinq minutes plus tard, j'étais étendu à l'arrière de ma voiture, la route ouverte par un motard, pour rejoindre l'hôtel. À travers la vitre, je voyais défiler les nuages dans le ciel. Sans raison, je me suis mis à pleurer.

Dimanche, après deux cents kilomètres de course à travers les Cévennes et le Gard en feu — l'air brûlait —, je suis arrivé au pied du mont Saint-Clair en compagnie de quelques juniors sétois et de Pascal Pich, le champion du monde de triathlon sur longue distance, qui se révéla tout au long du parcours un fabuleux compagnon, allant chercher mes bidons à la voiture, me ravitaillant, organisant notre groupe afin de me protéger au maximum du vent. Depuis le début du *Midi Libre*, je savais qu'il existait un athlète encore plus fou que moi : vêtu de son maillot arc-en-ciel, Pascal accomplissait l'essentiel des étapes à vélo avant de parcourir les vingt derniers kilomètres en courant... C'est lui, dimanche, qui m'a mis en orbite pour monter ce Saint-Clair qui m'effrayait tant. Après un début de journée difficile, les pattes lourdes dans le premier col de la journée, j'ai retrouvé un peu de goût à pédaler. J'attendais la délivrance, le bord de mer qui m'annoncerait Sète, le Saint-Clair bien sûr, prix à payer pour en finir une bonne fois.

Après l'étang de Thau, le public s'était massé sur les bas-côtés de la route, abandonnant un instant la plage pour voir passer notre équipage.

Nous précédions les pros d'une demi-heure. Je voyais des risées de sable sur la chaussée, c'était l'été, les vacances, la vie soudain avait un air de fête, j'entendais la bande-son d'un film de Jacques Tati, des morceaux de phrases, des cris, surtout des cris, car ces gens hurlaient mon nom, mon prénom, ils étaient là pour Jalabert mais aussi pour moi, le journaliste à vélo. Les motos et les voitures suiveuses se pressaient dans mon sillage. À mesure qu'on approchait de l'ultime difficulté, la foule était plus compacte, plus fervente, elle m'avait reconnu, j'allais passer la rampe car elle me portait, me transportait. À cet instant, comme nous filions à quarante à l'heure vers Sète poussés par un vent favorable, dans cette ambiance magique de Tour de France, je me suis dit : « Ce rêve que tu poursuivais depuis si longtemps, il est là, devant toi, regarde-le, respire bien l'air de la mer, regarde encore, ouvre tes yeux et tes oreilles, dans trois kilomètres ce sera fini, tu auras passé une dernière fois la ligne d'arrivée et, à la seconde même, tu auras cessé d'être un coureur, même si les montagnes t'ont sculpté des muscles en dur, même si le soleil t'a marqué la peau sur les seules parties laissées libres. »

Les coureurs, les vrais, me manqueront. Ils seront bientôt au *Dauphiné* puis disputeront la Grande Boucle. Moi, j'aurai bouclé la mienne. Six jours de ma vie, six jours de leur vie, mais pas les mêmes vies. Le miroir une fois traversé, il faut savoir revenir. Au sommet du Saint-Clair, que j'ai passé facilement comparé à La Croix-Neuve de Mende, je savais qu'il était temps de dire au revoir et merci. Merci à ces pros qui m'ont laissé rêver dans leur sillage. Merci aux copains de La Française des jeux, si tristes, dimanche, d'avoir perdu le maillot jaune, à Franck Régnier, de l'équipe Bonjour, qui, avec Casper, m'avait soutenu dans le grup-

petto sur la route de Laissac, merci à ces gendarmes qui avaient pris soin de ma sécurité,
aux mécanos, aux kinés, aux « suiveurs » de ma
voiture qui versèrent eux aussi quelques larmes,
je le sais, quand ils me virent attaquer en per-
dition la montée de Mende, tant l'instant était
intense et sans doute aussi insupportable à re-
garder qu'à endurer.

Au sommet du Saint-Clair, sous un ciel bleu
azur, j'ai aperçu une petite chapelle, minuscule
et fraîche, ou flottait une odeur de bougie juste
éteinte. Pendant que les vainqueurs recevaient
leurs trophées, je me suis isolé là un instant. J'ai
pensé à ce Tour ancien où les coureurs, de passage à Lourdes, avaient eu droit à une messe.
Le prêtre avait fait son sermon sur la vocation
de l'homme à atteindre les sommets, sur la foi
qui élève. Un coureur était sorti en disant que
le curé n'en avait que pour les grimpeurs ! Je
souris. Dans la poche de mon maillot, parmi les
reliefs de pâtes de fruits et de biscuits, un Saint-
Christophe offert le premier jour de course par
mon confrère de *Libération* Jean-Louis Le Touzet.
Il ne m'a pas quitté.

Maintenant il faut partir, ôter ces habits avant
qu'ils deviennent des habitudes, quitter ce cirque ambulant de la course, ce compagnonnage
de coureurs et de reporters, d'anciennes gloires
et de cameramen. J'ai serré des mains, on a promis de s'appeler, mon vélo était déjà démonté,

les portables sonnaient, chacun avait à faire, des familles à appeler, des mères à fêter. La course était finie, il fallait bien rentrer. Dimanche soir, à Sète, comme la nuit ne voulait pas tomber, j'ai pensé à ce film de François Truffaut, *La Nuit américaine,* une expression de cinéma qui signifie : simuler la nuit en plein jour. À la fin du tournage, les comédiens se séparent, se disent que, bien sûr, ils se reverront, alors pourquoi se dire au revoir, puisque demain, un jour, un jour peut-être... C'était le temps où le mot « fin » s'inscrivait encore au bas des génériques. Alors voilà, ardoisier, vous pouvez effacer, cette histoire est finie.

8. Éloge d'un singe en été

Parce qu'il avait l'humeur vagabonde et plus d'un tour dans son sac — il rédigea de sa belle écriture déliée six cent vingt-quatre chroniques cyclistes —, Antoine Blondin était un compagnon des grandes et vilaines heures de la petite reine, compagnon du Tour de France avec ses passes d'armes et ses crises de larmes. Compagnon à plus d'un titre, car c'est d'abord par eux qu'on reconnaissait l'homme de plume, ces titres qui résumaient les maux du coureur en quelques mots choisis, drôles mais jamais risibles, légers mais jamais insignifiants : « La défaillance de Limoges », « Ballade des drames du temps jadis », ou, à la manière de Louis-Ferdinand Céline, « Massacre pour une bagatelle », ou encore « Zigzag dans le rétro »...

Blondin se savait chez lui dans les courants d'air du peloton. Les coureurs avaient « le pain et la selle », lui avait l'amitié, les compagnons de bouteille et de boulot. « Le Tour de France, plaidait-il, est notre tour d'ivoire. Durant trois semaines, il nous soustrait au train commun du monde. Il nous confisque nos soucis. Je ne connais guère de milieu ni d'endroit où l'on se sente plus protégé contre les agressions les plus insidieuses venues de l'extérieur, si ce n'est dans les toilettes quand le verrou est mis. » Le partage des tâches était admirable : les jambes d'Anquetil, de Merckx, d'Hinault, la main de « l'Antoine », l'effort et le panache d'un côté, de l'autre les mots, l'émotion intacte de ce conteur qui ne comptait pas quand il s'agissait d'aimer, sachant avec le poète que la démesure est la seule mesure de l'amour.

En ces temps troublés par les révélations sur le dopage et la corruption, je relis avec une attention toute particulière la chronique de Blondin du 14 juillet 1967, jour de deuil sur le Tour, quand Tom Simpson, dopé, dupé, termina sa vie sur les pentes du Ventoux. « Le surmenage cycliste est une notion vaine. Ce n'est pas avec des médailles ou des millions qu'on attire les hommes vers leur tombeau. L'essentiel, qui est de savoir jusqu'où on peut aller trop loin, ne cesse pas de leur appartenir. » Pour oser à demi-mot des vérités qu'on se bornait à murmurer, Blondin parlait de « la solitude » et de « la pudeur qui sont la loi des familles ». C'est dire combien la lecture de ces chroniques apparaît à présent anachronique tant le rêve a viré au sordide, d'EPO en pot belge, d'étape arrangée en victoire tarifée. Et pourtant, on ne se lasse pas de tourner les pages comme une roue tourne sans entrave, car c'est un morceau d'enfance, de jeunesse, qui défile au rythme de la plume légère et tendre de Blondin, des morceaux de France, aussi, paysages et petites gens sans prétention, au point que, si l'écrivain, trouvant l'étape un brin longuette, s'échappe en compagnie d'Hemingway (« Hemingway parmi nous », 4 juillet 1961), son public — bon public — applaudit mais demande aussitôt : « Cet Hemingway, il court dans quelle équipe ? » Au bout de la route, Blondin le paresseux, lui que ses éditeurs poursuivaient ou embastillaient pour lui faire rendre page, Blondin a sculpté à la gloire du vélo un pavé de neuf cents pages qui n'a rien à envier aux « cailloux bossus » de Paris-Roubaix.

À première vue pourtant, l'animal n'était pas taillé pour les courses de longue haleine. Tenez, rien que pour arriver à l'Académie française, où d'ailleurs il n'arriva jamais, l'Antoine avait cent cinquante mètres à peine à parcourir, de son paradis du quai Voltaire à la Coupole du quai Conti. Il avait des « circonstances exténuantes ». Comme il l'avoua à Pierre Assouline dans leurs entretiens[1], il existait cinq cafés entre

---

1. *Le Flâneur de la rive gauche*, La Table ronde, 2004.

chez lui et chez les hommes en habit vert. C'était au-dessus de ses forces. Il aurait abandonné dans un bistrot son épée, dans un autre son bicorne, et, de son propre aveu, se serait présenté « là-bas » en caleçon. Impensable.

Pourtant, l'auteur du *Singe en hiver*, qui ne disait traverser la Seine que pour partir au Japon, boucla ses vingt-huit Tours de France en vingt-huit ans, de 1954 à 1982. Et à trente-sept kilomètres à l'heure s'il vous plaît, en suiveur qui se suivait sans toujours se ressembler ni toujours se rassembler, à force de chercher les lettres du mot « alcool » au fond de sa mélancolie.

Forcément, comme à midi les cloches sonnent, un réflexe salivaire nous pousse dans le souvenir de Blondin chaque fois que des coureurs aux pattes huilées-rasées s'enchaînent à la Grande Boucle de juillet.

Dans la vie, Antoine et Blondin faisaient cendres à part, et si le bonhomme restait au seuil de lui-même, c'était qu'il se trouvait trop sombre à l'intérieur.

Mais sitôt que, l'été venu, le Général laissait les rênes de la France à la petite reine, sitôt Charles de Gaulle supplanté par Charly Gaul, lequel, quoique discret Luxembourgeois, osait se hausser du col, Blondin renaissait. Blondin se récapitulait.

On rêve aujourd'hui du meilleur Blondin lâché derrière le peloton et roulant le calembour tous freins lâchés. Nous refaisant le coup du « il est arrivé premier dans un état second » ou du « le col tue ». C'était le bon ton. Mais comme l'écrivait son pote Renaud Matignon, « on n'attrape pas les fantômes avec des menottes », surtout sur le Tour où Antoine n'était mû que par un seul rêve familier des champions cyclistes : s'échapper. Prendre des trains qui partent, jour et nuit. À tombeau ouvert.

Ses compagnons de route, ceux qui avec lui se tuaient au goulot, n'ont pas oublié une fameuse pintade servie déjeuner après dîner, étape après étape. Jusqu'au moment où Blondin, plus grimaçant que singe en été, fit remarquer au patron de l'épreuve : « Cher monsieur, si cette pintade doit nous accompagner jusqu'à Paris, il faut songer à lui donner un dossard. » Rattraper Blondin à l'heure qu'il est, l'entreprise semble extraterrestre. Même Lance Armstrong, de son coup de pédale cousin de la soucoupe volante, n'y est guère parvenu. Cela est bel et bon, mais nous laisse un goût de revenez-y. On demanderait bien à nos copains de *L'Équipe* de repeindre l'été aux couleurs d'un Blondin millésimé 1954, l'année où il découvrit la Grande Boucle, sous Louis Bobet. En criant la devise d'Antoine : « Patron, remettez-nous ça ! »

9. Éloge de Paris-Roubaix

Dans le Nord comme ailleurs, dans le Nord plus qu'ailleurs, il n'est pas nécessaire de descendre au fond de la mine pour connaître le fond du trou. Les gueules noires n'existent plus, ou seulement les jours de Paris-Roubaix, quand la pluie s'en mêle et que les seuls hommes à rester debout sont des hommes de boue. Comme tous les ans vers Pâques, les coureurs de l'infernale classique croient encore aux cloches ou à la poule aux œufs d'or qu'ils poursuivent dans les tranchées pavées. Rien ne les arrête. Ils ont vraiment un petit vélo dans la tête. Les rescapés de ce jeu de massacre sont mus par une obsession : rallier Roubaix. Dans cette région où l'on sait ce que serrer les dents veut dire, les morts-vivants ressuscitent toujours après l'Enfer, portés par les vivats de la foule. Et pas question de jouer les rabat-joie auprès des supporters venus encourager leurs champions en leur parlant de dopage. Ils vous répondront droit dans les yeux que bouffer du pavé comme c'est pas permis, rester en équilibre sur une bécane malgré les trépidations du diable, c'est extraordinaire, et qu'on les laisse tranquilles avec ces histoires de tricherie.

Il est comme ça, le public, et en particulier celui de Paris-Roubaix. Il vient voir des héros, des surhommes, des géants de la route. Les descendants de Van Looy et de Merckx, de Roger de Vlaeminck et de Duclos (pas le Jacques Duclos du parti communiste, mais l'autre, Gilbert Duclos-Lassalle, double vainqueur de l'épreuve).

Qui entrera encore, maculé mais vivant, dans la légende des cycles ? Les futurs héros de la fête se reconnaîtront dans ces propos de Marc Madiot : « Question position, explique l'ancien champion, il n'y a pas de solution idéale. Chaque coureur improvise. Il s'agit de ne pas être raide sur la machine. Ensuite, il faut essayer de faire corps au maximum avec le vélo. » Mais l'aveu essentiel vient après : « Ce jour-là, dit Madiot, il faut aimer son vélo au maximum. Avoir envie de se faire mal dessus. » En avril, il y a toujours un type qui aime la petite reine autant que la souffrance pour gagner cette épreuve d'un autre âge.

Tout cycliste qui se respecte vous le dira. Il n'existe qu'une vraie manière de relier Paris à Roubaix. Pas en tirant sur une pelote de laine commandée par correspondance à La Redoute, ni en gardant les jambes dans le coton. Non. Quand on signe la feuille des engagés au petit matin du côté de la forêt de Compiègne, c'est pour en baver. Alors, question souffrance, le pavé, y a que ça de vrai.

Vous pouvez vous bercer d'illusions en fredonnant « Dors mon p'tit Quinquin » en claquant des dents à chaque pierre bossue et moussue et pointue. Une fois la petite reine empoignée par les cornes, cette histoire finit toujours dans la poussière ou dans la gadoue, selon que le soleil brille ou non dans le ciel des chtis. C'est comme ça, et la même histoire dure depuis un siècle.

L'« Enfer du Nord » est pavé de mauvaises trépidations. Malgré la fermeture du dernier puits à houille, le Paris-Roubaix rejoue en plein air la geste des gueules noires. De la sueur et des larmes, des figures de carnaval avec la peau passée au bouchon brûlé : ce sont des images de pédale comme il en est d'Épinal. La légende revient chaque mois de mars à la source des souffrances, avec des noms terribles : la tranchée d'Arenberg, aussi appelée « trouée » pour faire moins peur. Beaucoup s'y sont brisés. De quoi s'agit-il ? D'un tronçon pavé d'à peine plus de deux kilomètres mais qui, sur une bicyclette de huit kilos aux amortisseurs rudimentaires, peut vous donner l'idée de ce qu'éprouve le lingot d'acier dans un laminoir. Tout saute, la chaîne, les os, le derrière. La peau se met à trembler, et on ne donnera pas de détails sur d'autres endroits intimes passablement remués par ce rodéo. C'est à peine si le guidon guide encore quelque chose. Chaque vibration envoie aux muscles des coureurs un message assez clair de douleur, répété caillou après caillou afin que la leçon soit bien comprise.

Évidemment, gagner Paris-Roubaix relève de l'exploit du gladiateur gracié dans l'arène après avoir terrassé les fauves au prix d'un courage exemplaire. Les Hinault, Madiot ou Duclos-Lassalle, pour ne parler que d'une poignée de champions français issus du haut du pavé, sont sortis d'une cuisse de Jupiter, sinon des deux. Car il faut être une sorte de demi-dieu pour aller poser ses roues dans ces tord-boyaux doublés de coupe-gorge avec l'espoir de franchir en tête la ligne blanche sur l'anneau de Roubaix, les pattes continuant de tricoter en souplesse en hommage à deux siècles de textile.

Mais depuis 2005, les organisateurs ont dit « stop ». Devant les nids-de-poule, arêtes vives et affaissements de la chaussée — ces derniers causés, semble-t-il, par l'existence souterraine de galeries minières —, la tranchée d'Arenberg a été excommuniée du Paris-Roubaix.

Les puristes crient au crime de lèse-petite reine des classiques. Et on a entendu Marc

Madiot trouver l'aventure moins belle sans cette part de risque et de danger aussi riche en suspense que la traversée du canyon surplombé d'Indiens dans les westerns de John Ford. Alors, à quand le retour de ce coupe-jarrets ?

10. Éloge
de Sami Frey à vélo

Je me souviens de Sami Frey au Théâtre de la Madeleine, en décembre 2003, récitant le *Je me souviens* de Georges Perec. D'abord on est ébloui. C'est le phare jaune d'une bicyclette. On entend le ronron de la dynamo comme un glissement de velours dans la nuit. Puis une voix, sa voix si particulière, douce et mate, suspendue entre sol et ciel.

L'homme apparaît au milieu d'un décor montagneux, des draps hissés en pointes qui dessinent l'à-pic des sommets ou le fantôme des souvenirs. C'est au Théâtre de la Madeleine, à Paris, mais c'est loin et c'est tout près. C'est ce qui reste après la pluie, après l'oubli, de petits grains de mémoire semés sur une scène qui ressemble au temps qui passe. Qui le rassemble puis le disperse. Confettis et cailloux blancs.

« Je me souviens que Reda Caire est passé en attraction au cinéma de la porte de Saint-Cloud. » Cette fois, c'est commencé. Sami Frey se souvient. Il est parti pour des centaines de souvenirs consignés jadis par Georges Perec. Il se souvient et nous avec lui.

Ce n'est plus un comédien qui récite magistralement son texte. C'est un instrument à cordes, on devine les muscles tendus sous le tissu sombre du costume. C'est un instrument à vent. Il a du souffle, Sami Frey. Il pédale, la roue tourne, les rayons brillent en gerbes d'acier. La mémoire crépite. On l'ignorait, mais on le sait maintenant, un vélo est une machine à remonter le temps. Il n'y a rien de mieux pour avancer vers le passé. En souplesse. En tendresse. Sans nostalgie, car elle pèse trop lourd, la nostalgie, quand on grimpe en danseuse et que frotte la dynamo. Il passe, rien ne casse. Comme tout cela paraît fragile, pourtant. Il suffit que le cycliste renonce à tourner les jambes pour que s'évanouisse le moulin à souvenirs. L'homme boit deux petites gorgées. Il ne dit plus rien. Un silence tissé de tous les échos muets qui circulent de tête en tête. À quoi pense-t-il à cet instant ? Entend-il encore le rire des spectateurs quand il a lancé : « Je me souviens d'un fromage qui s'appelait La Vache sérieuse. La Vache qui rit lui a fait un procès et l'a gagné. » À moins qu'il ne médite ce vers qui a transpercé la salle : « La nuit cache le jour à l'envers de son noir. »

Va-t-il retrouver le fil ? Oui, en se remettant en selle. Il accélère. On dirait qu'il dévale une

pente, les noms tombent, ricochent, se bous-
culent au rendez-vous de la mémoire. Comme
on se sent vieux, comme on se sent jeune, tout
à coup.

Il se souvient, on se souvient de Zappy Max,
de Zatopek, de Marie Besnard, du coureur cycliste Louis Caput, des débuts de Marina Vlady
dans le film de Cayatte *Avant le déluge*, de Poirot-
Delpech à la chronique judiciaire du *Monde*.
Alors le temps se mélange, c'était hier mais
c'est aujourd'hui. Une grande panne d'électricité qui plongea New York dans l'obscurité,
l'abbé Pierre, Raymond Devos à Bobino, Henri
Salvador, d'inoubliables calembours de Jean
Yanne sur RTL. Il se souvient. Les affaires
s'appelaient Profumo ou le scandale des « bal-
lets roses ». On est en apesanteur. Le temps
flotte. C'est fini. C'est la nuit. Bruit de la dynamo. Le pédaleur de charme nous tourne le
dos. Il s'échappe. Seul devant. Il souffle les
souvenirs comme des bougies et chacun repart
avec Sami Frey en tête.

11. Éloge de l'Antésite

C'est un souvenir liquide, avec une robe sombre pour habiller l'eau. Un souvenir de fraîcheur dans le palais, de goût impalpable, volatil et presque aussi irréel que la barbe à papa quand elle fond dans la bouche. C'est un souvenir à boire, comme il en est de certaines chansons, souvenir qui remonte aux années bénies de l'adolescence, aux mois d'été pleins de soleil et de touffeur sur les routes des Landes, entre Dax et les contreforts de la Chalosse. Le nom, je l'ai encore sur le bout de la langue. Cela s'appelait, cela s'appelle toujours, l'Antésite. Un mot presque exotique pour désigner une mignonnette remplie de ce breuvage à verser suivant des doses homéopathiques. Une dizaine de gouttes au fond d'un verre, une vingtaine maximum dans un bidon de coureur, et il faisait bon avoir soif. On l'achetait à la pharmacie du coin, nos grands-mères en détenaient dans le buffet de la cuisine.

Le cérémonial était réglé. À la première transpiration, on se précipitait vers le réfrigérateur pour déboucher une bouteille d'eau. L'Antésite faisait le reste. Le contenu du verre se colorait, on aurait dit soudain que le génie d'Aladin allait sortir de sa lampe. Sensations étranges qui se poursuivaient dès la première gorgée, lorsque la saveur de la réglisse nous envahissait comme les sucettes à l'anis de Gainsbourg.

À vrai dire, l'Antésite avait surtout un goût de « revenez-y ». Plus on en buvait, plus on avait envie d'en boire. Je soupçonne les fabricants d'y avoir semé un ingrédient mystérieux favorisant cette « revenezite aiguë ». C'est simple : la tentation était toujours de rajouter davantage de gouttes au fond du verre ou du bidon, pour essayer de mieux retenir encore cette saveur de réglisse dans la gorge. Mais par un sortilège qui reste à élucider, plus on en ajoutait, moins l'effet recherché se produisait. Comme si l'Antésite avait besoin d'absence pour marquer sa présence. Il y avait là, dans cette petite bouteille à robe foncée, une belle leçon de vie à puiser. L'idée qu'il faut en toute chose savoir respecter la dose. Trop d'Antésite gâchait l'Antésite, saturait le goût au point de le faner.

Avec les années, le souvenir de cette potion reste si prégnant que je m'interroge : on dirait que les papilles, plus de trente ans après les faits (et l'effet), ont gardé la mémoire de la réglisse liquide. La mémoire de l'eau combinée à la mémoire de l'Antésite, voilà un beau sujet pour la science. Feu le professeur Jacques Benveniste, en m'ordonnant de tirer la langue brunie par la fameuse boisson, en aurait sans doute tiré une théorie audacieuse. Je tente à présent de convoquer les saveurs concurrentes qui, à cette époque, disputaient la palme à l'Antésite. Elles étaient légion. Sitôt dehors, une pinède exhalait ses parfums saturés de soleil. J'apprenais l'odeur de la résine au bout des doigts collants après une caresse aux troncs rugueux. Cette odeur tenace me poursuivait longtemps, m'invitait à respirer davantage, comme l'Antésite m'entraînait à boire.

Pourtant, à l'heure d'établir un classement, je reste sur mes positions. Lorsque, en compagnie de quelques amis en culottes courtes, nous prenions d'assaut la côte de Saint-Lon-les-Mines, dans l'immédiate banlieue dacquoise ; lorsqu'il faisait si chaud, en plein après-midi, que parfois le goudron se liquéfiait, il n'existait qu'un geste pour nous sauver de cet enfer : dégainer le bidon rempli d'Antésite, oublier que l'eau avait fini par devenir tiédasse. Malgré le coup de chaud, il restait bien ce goût merveilleux de la réglisse.

12. Roue libre avec orties

Un soir de printemps, profitant des derniers éclats du jour, je pédale dans le sous-bois d'une forêt de l'Ouest parisien, jambes nues, bras nus, pieds nus sous la croisée des sandales, traversant des chemins frais emplis de parfums tièdes. Cela sent les fleurs éclatées de soleil, les fougères, la terre encore mouillée d'une brève averse. Au loin me parvient la plainte assourdie d'un cor de chasse qui couvre, à mesure que j'approche, le sifflement d'une scie à bande. Un arbre, quelque part, doit terminer sa journée dépité, et à coup sûr débité.

Les autres années, ces échappées d'entre chien et loup me mettaient souvent nez à nez avec un cerf ou une famille de chevreuils défilant à la queue leu leu, comme dans *Tintin au Congo*. Je n'avais pas de fusil pour les accueillir et pourtant ils ne viennent plus. Où sont-ils passés ? Ont-ils migré ? Est-ce le dérèglement

des affaires du ciel qui les a chassés plus sûrement que les Nemrod du dimanche ?

Ce soir-là, je n'ai eu comme seul spectacle
vivant qu'un lapin « cul blanc » dont le pompon
postérieur a disparu fissa dans les fourrés. Les
chevaux aussi étaient rentrés à l'écurie. Ne res-
taient sur les allées cavalières que leurs em-
preintes profondes creusées dans le sable.

Des images ont alors ressurgi, et des sons :
de pouliches au galop passant sous les fron-
daisons, précédées du bruit mat des sabots ; de
chevreuils en cavale, muscles saillants, yeux
noirs effarouchés ; d'écureuils aussi, accrochés
à l'écorce des plus hauts arbres qu'ils grimpent
dans un mouvement de colimaçon, comme si
la rotation terrestre ne leur suffisait pas ! La
brume qui monte du sol crée des impressions
de mirage comme au milieu du désert. Ainsi
ai-je cru apercevoir un solide sanglier sortant
d'un trou tapissé de feuilles, une masse sombre
en tout cas. Mais ce n'était peut-être qu'un gros
chien du genre retriever, ou qu'une illusion. Peu
importe, l'imagination a détalé plus vite qu'une
bête sauvage.

Avec la profusion végétale du printemps, les
chemins d'ordinaire accessibles sont devenus à
présent de minces boyaux à travers lesquels il
faut se faufiler en serrant les épaules. Sans éviter complètement les ronces qui s'accrochent
aux mains ou au polo, qui éraflent bras et

cuisses. Joies du vélo tout-terrain à pneus de labour, en attendant d'enfourcher bientôt un engin profilé pour la route.

Mais la sensation la plus tenace, c'est celle que procurent les orties répandues sur les bas-côtés, feuilles inoffensives d'aspect jusqu'à l'instant du contact, lorsqu'un picotement se fait sentir à la racine des chevilles ou le long des pieds, nus je l'ai dit. Cette sensation n'est ni agréable ni désagréable. Elle est étrange. Elle ressemble à une douce agression, à un rappel de quelque chose, oui, mais de quoi ? On ne saurait parler de piqûre sans paraître douillet. Et, encore une fois, les rougeurs qui naissent de ce contact ne sont pas insupportables. Descendant de ma bécane, et plus tard dans la soirée, j'ai ressenti cette trace urticante qui me disait une seule chose : pédaler dans la forêt, sentir le parfum des fleurs, s'accrocher aux ronces et, pour terminer, réagir aux orties, c'est tout simplement être en vie. Rien que pour cela, je suis prêt à recommencer.

COLLECTION FOLIO 2€

Dernières parutions

Composition Nord Compo
Impression Novoprint
à Barcelone, le 13 juin 2016
Dépôt légal : juin 2016
Premier dépôt légal dans la collection : septembre 2007

ISBN 978-2-07-045445-7./Imprimé en Espagne

305096